光と景色を生かした四季の教室づくり

カンタンかわいい窓飾りを100倍楽しむ本

岩藤しおい
【編著】

いかだ社

はじめに

　軽くて光に透けるときれいな身の回りの素材を使って、簡単につくれる窓飾りを考えてみました。壁飾りと似ているところもありますが、光や窓からの景色を取り入れてつくるのがおもしろいですね。私のうちでは、子どもがおもちゃで遊んでいた頃は、テーブルなどに飾りをしても映えないし、いたずらをされてしまうので、ためしに、色画用紙で切り抜いた飾りを窓につけてみました。場所をとらないので、部屋がごちゃごちゃしていても見栄えがするし、子どもも大喜び。以来、行事のたびに、いろいろアイディアを考えるのが楽しみになりました。子どもの安全に配慮した素材を使い、手間をかけずに楽しんでつくるのが一番！　半立体的な飾りもでていますが、部屋の内側に動く方の窓に飾れば大丈夫。

　また、年少さんから年長さんにかけての成長は目をみはるものがあるように、かく絵もまた劇的に変化していきますね。子どものつくるものは、おとなにはないおもしろいアイディアでいっぱいです。飾りの中に子どもの創作物を取り入れるのも素敵ですね。本誌の中にも子どもといっしょにつくって飾れるものも載せてあります。いっしょにわいわい手づくりを楽しんでいただけたらいいなと思っています。

岩藤しおい

目次

カラー作品とつくり方 カッコ内はつくり方ページ

春
- 変わり絵＊チューリップバス……4（7）
- ネット袋で＊花飾り……5（6）
- 梱包材・卵パックで＊こいのぼり……8（10）
- チャック付収納袋で＊花のアレンジ……9（11）

夏
- 変わり絵＊ぞうさんシャワー……12（15）
- すずらんテープ・クリアファイルで＊七夕飾り……13（14）
- 色画用紙で＊やさいの海水浴……16（19）
- セロファンで＊カラフルミニうちわ……17（18）

秋
- 変わり絵＊さるかに合戦……20（23）
- セロファンで＊運動会……21（22）
- 落ち葉で＊小鳥さんがいっぱい……24（26）
- ビニールテープで＊みのむしさん……25（27）

冬
- 変わり絵＊北風さんとおうち……28（31）
- ビニールテープで＊ストライプクリスマスツリー……29（30）
- 毛糸・わたで＊ふわふわ雪だるま……32（33）

作品とつくり方

春
- ビニールテープで＊かわいい室内飾り……34
- 鏡で＊ちょうのひらひらアーチ……36
- たこ糸で＊ゆらゆらてるてるぼうず……38
- ひもで＊Ｔシャツくんお洗濯……39

夏
- ビニールテープで＊パッとかんたん花火……40
- ホースで＊涼しい風鈴飾り……42
- かさ袋で＊さかなといかの親子……44

秋
- ストローで＊すーいすいとんぼ……46
- クリアポケットで＊ねこさんポケット……48
- 色画用紙で＊変身コーナー……50

冬
- クリアポケットで＊プレゼントツリー……52
- 色画用紙で＊のぞいてごらん……54
- ビニールテープで＊ガーデニング飾り……56

- 窓ガラスのクリーニング……58
- この本で使う材料……60
- 型紙の使い方……61

●イラスト型紙
- 男の子と女の子・動物……62
- 動物・音符……65
- 鳥・ちょう……66
- やさいくん……67
- チューリップバス……68
- さかな・ぞう……70
- 柿の木……72
- ねこさんポケット……73
- 北風さんとおうち……74

●自由制作用型紙
- 花飾り・てるてるぼうず・Ｔシャツ……75
- カラフルうちわ・七夕飾り・土星……76
- 花火……78

窓をあけると
絵が変わる

チューリップバス

窓をあけると、チューリップバスに
うさぎさんたちも乗りますよ。

春

窓を
しめると…

たんぽぽ、よつばのクローバーの中をお散歩。

ネット袋で 花飾り

用意するもの★野菜のネット袋・色画用紙・ストロー
荷造り用透明粘着テープ・セロハンテープ・クレヨン・マーカー
★型紙は75ページにあります。

オクラなどが入った緑色のネット袋は
軽くて伸縮性があるので窓飾りにぴったりの素材です。

①花飾りをつくる。

のりで貼る。　切れこみを入れる。　カッターで切り抜く。　おひさまの顔をのりで貼る。

②花飾りをセロハンテープでストローに貼りつける。

③ネット袋を透明粘着テープで窓にしっかり貼りつける。

④ネット袋に入れる時にバランスよく立つよう、ストローの長さを調整する。

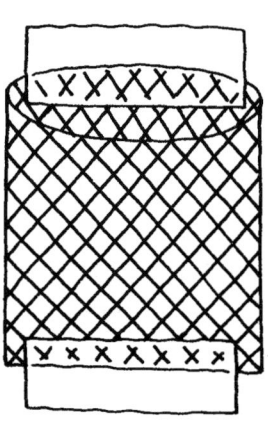

春

 **応用**　夏に紙でつくった虫を入れ、虫カゴの飾りをたくさん並べてもおもしろいですね。

つくり方のPoint

年少児●切り抜いた花の形にクレヨンで模様をかきましょう。

年中児●セロハンテープでストローに貼りつけるまでの工程をしてみましょう。

年長児●花を観察して好きな花をつくってみましょう。（全工程）

カッティングシートで●チューリップバス

窓をあけると絵が変わる

用意するもの★カッティングシート（たんぽぽ、クローバーに使用）
色画用紙・セロハンテープ（両面テープなど）・マーカーなど
★型紙は62〜66・68・69ページにあります。

【窓ガラスへの貼り方】

●画用紙

★セロハンテープで貼る

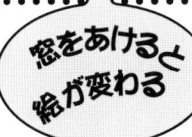

★両面テープで貼る

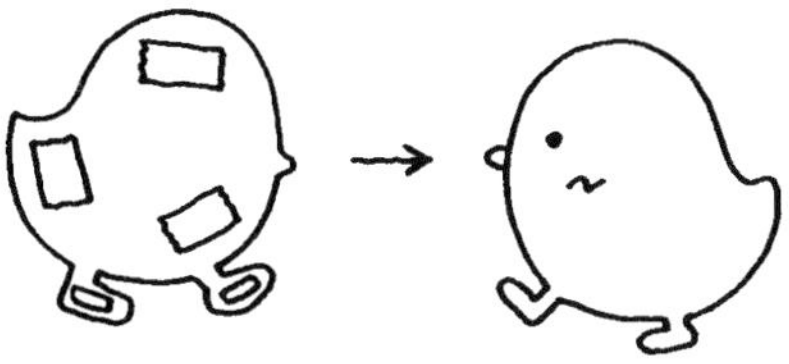

※このほか、のりで貼ることもできます。

●カッティングシート
のりが裏面についている半透明の発色のよいシートです。

シートのいらない部分は取りのぞく！

①型紙のコピー紙をシートにセロハンテープでとめ、上からカッターで形のとおり切る（はさみで切りとってもよい）。

②裏面の紙を少しずつはがしながら、中から外へ押し出すように、ふきんでこする。

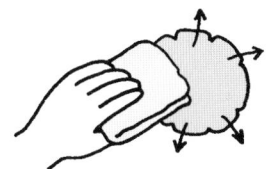

③シートと窓の間の空気を外へ押しだす。

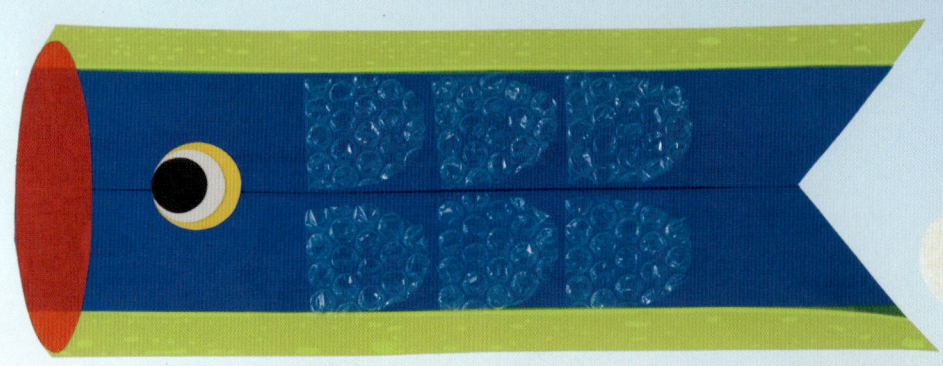

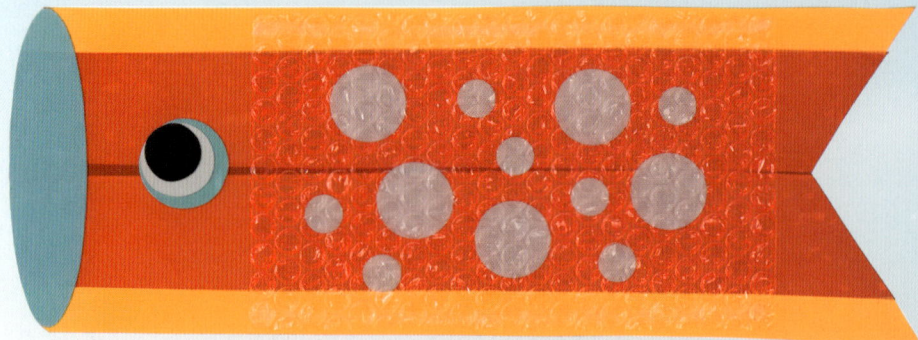

春

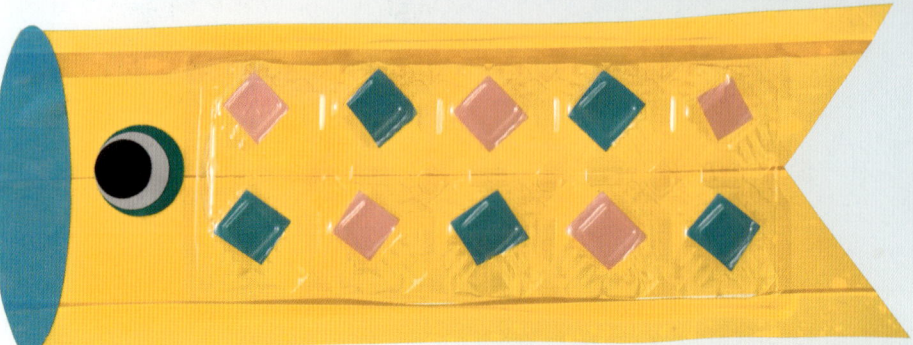

梱包材・卵パックで
こいのぼり

青空に泳ぐこいのぼり、気持ちよさそうですね……
うろこがキラッと光るのがチャームポイント。

チャック付収納袋で
花のアレンジ

子どもがつんできた花も飾れます。

春

小さなコーナーに。　　　　　　　　　セロハンテープで窓に貼りとめてつくるアイビーのリース。

梱包材・卵パックで●こいのぼり

かんたん

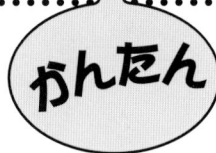

用意するもの★
ビニールテープ（2cm幅・5cm幅）・梱包材・卵パック
色画用紙・折り紙・丸シール

雲は白い梱包材を切り抜き、こいのぼりはプチプチの梱包材（エアパッキング）と卵パックでつくるリサイクル工作。

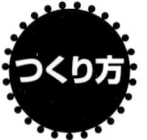

つくり方　**【基本形】**

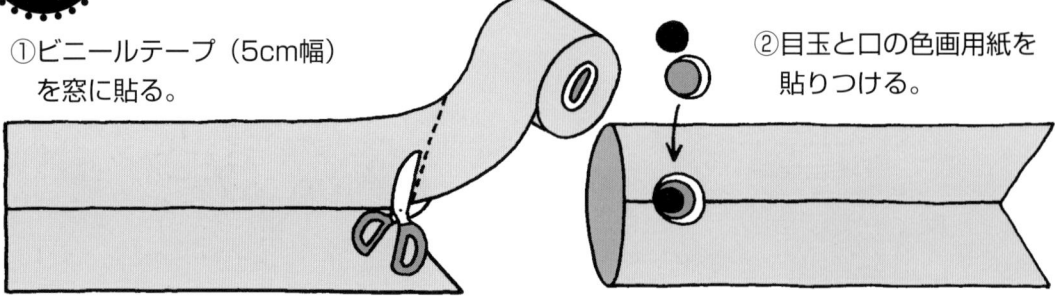

①ビニールテープ（5cm幅）を窓に貼る。

②目玉と口の色画用紙を貼りつける。

※ポイントに、ほかの色のビニールテープ（2cm幅）を上と下に貼ってもよい。

【バリエーション】

A

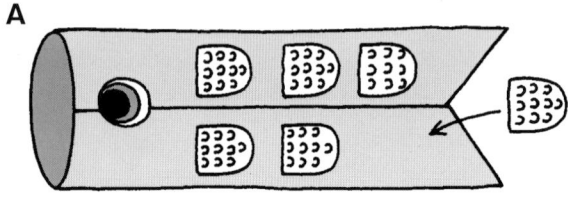

うろこの形に切った梱包材（エアパッキング）を両面テープで貼る。

B

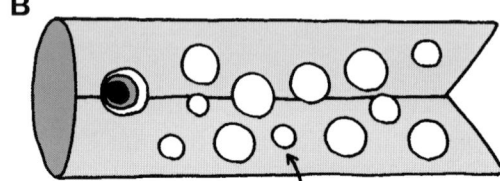

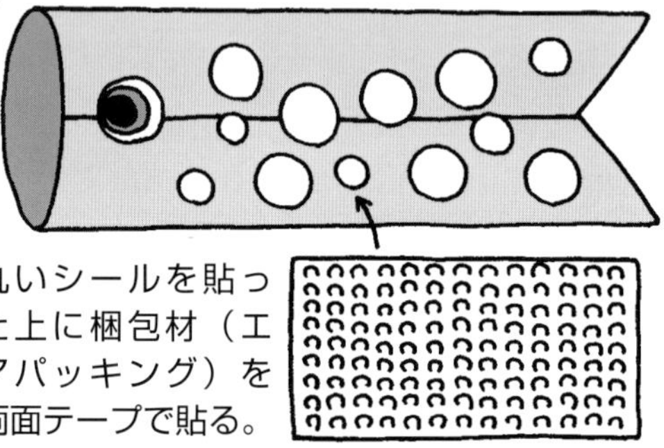

丸いシールを貼った上に梱包材（エアパッキング）を両面テープで貼る。

C

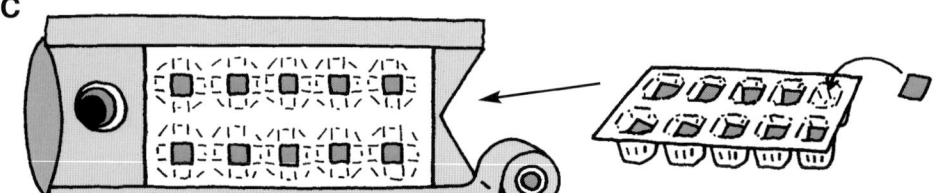

卵パックを同色のビニールテープ（2cm幅）で貼りつける。

卵パックの内側に折り紙をセロテープで貼る。

チャック付収納袋で 花のアレンジ

用意するもの★
チャック付収納袋（名刺サイズ10cm×7cm）
荷造り用透明粘着テープ・色画用紙・花

窓からの光できれいに映える草花のミニアレンジ。
ちいさな窓にも飾れます。

①チャック付収納袋を透明粘着テープで窓にしっかり貼りつける。

②チャック付収納袋の下の方がかくれるように貼る。

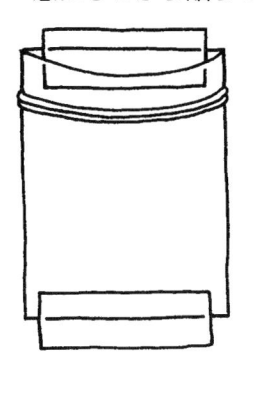

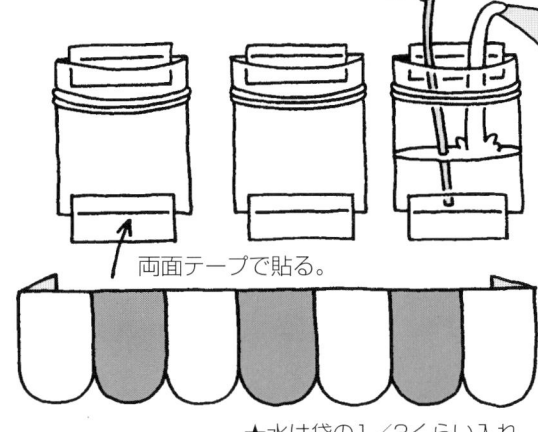

両面テープで貼る。

☆きゅうすが注ぎやすい

★水は袋の1/3くらい入れ、2〜3日おきに注ぎ足してください。

画用紙で切り抜いた子どもの絵をつけて、小窓や洗面鏡のワンポイント飾りに。

つくり方のPoint

- チャック付収納袋は水を入れるので重さに耐えられるよう、粘着力のある布のガムテープか、荷造り用の透明粘着テープを使いましょう。
- チャック付収納袋の大きさは名刺サイズより大きいと、水の重さに耐えられず、落下することがあります。

春

窓をあけると
絵が変わる

南のちいさな島の
まわりで泳ぐ
カラフルな
おさかなさん。

夏

窓をしめると…

ぞうさんシャワー

ぞうさんの鼻から
シャワーを浴びていたら、
海のおさかなさんが……。

すずらんテープ・クリアファイルで 七夕飾り

流れ星、土星、月、星がいっぱい。
ロケット発射！
UFOに乗っている宇宙人もいるよ。
宇宙人ってどんなかな。

夏

かわいいすずらんテープの窓飾り。

すずらんテープ・クリアファイルで 七夕飾り

用意するもの★すずらんテープ・クリアファイル・色画用紙
銀紙・ひも・梱包材・セロハンテープ・両面テープ
ゴム系接着剤・穴あけパンチ・マーカーなど
★型紙は76・77ページにあります。（月・ロケット・土星・星））

光に透けた感じが涼しそうな七夕飾りです。

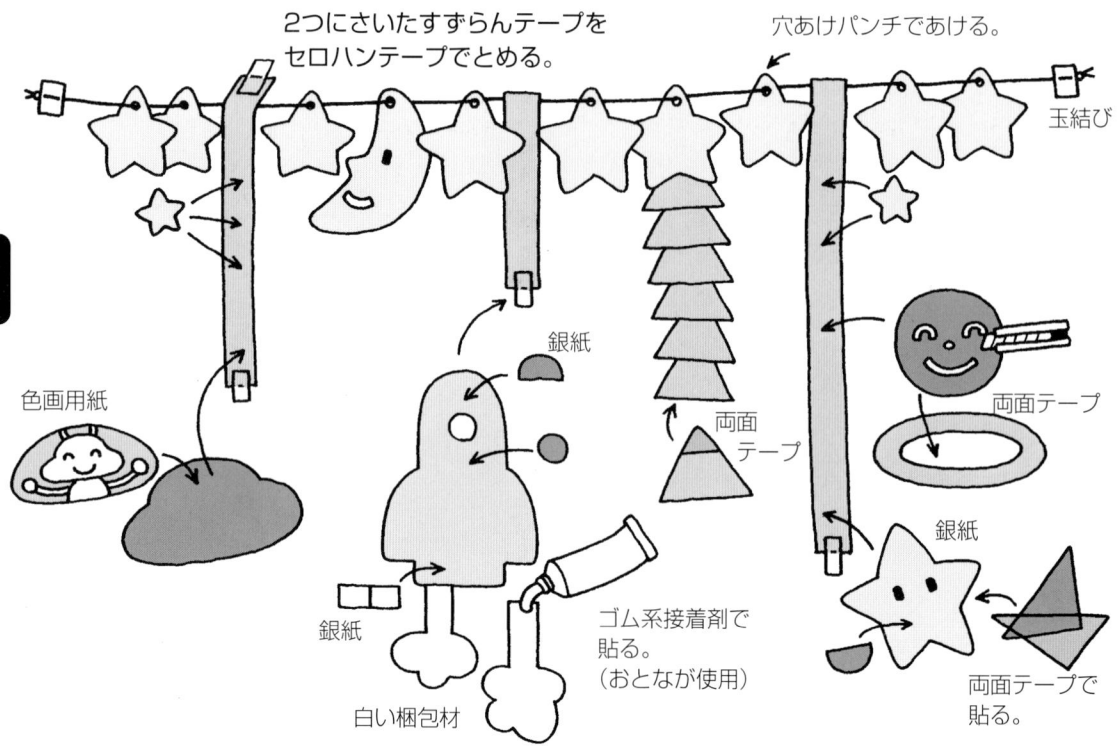

●使ったクリアファイル（目安）
（黄）　　1枚…星・月・三角・土星の輪
（水色）　1枚…ロケット
（青）　　1枚…土星　　　｝同色にすれば1枚に
（グレー）1枚…円盤

応用

すずらんテープでチェック柄の
飾りができます。
たて、よこに違う色を使うと、
重なったところが光に透けて
混色する効果も。夏のおしゃれな
日よけにぴったりですよ。

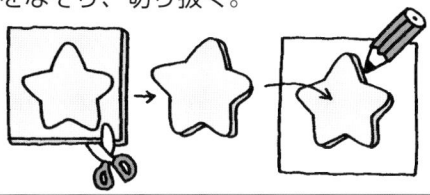

つくり方のPoint

●同じ形をたくさんつくるとき
厚紙に型紙のコピーを貼り、切り抜く。
クリアファイルにおいてえんぴつで形
をなぞり、切り抜く。

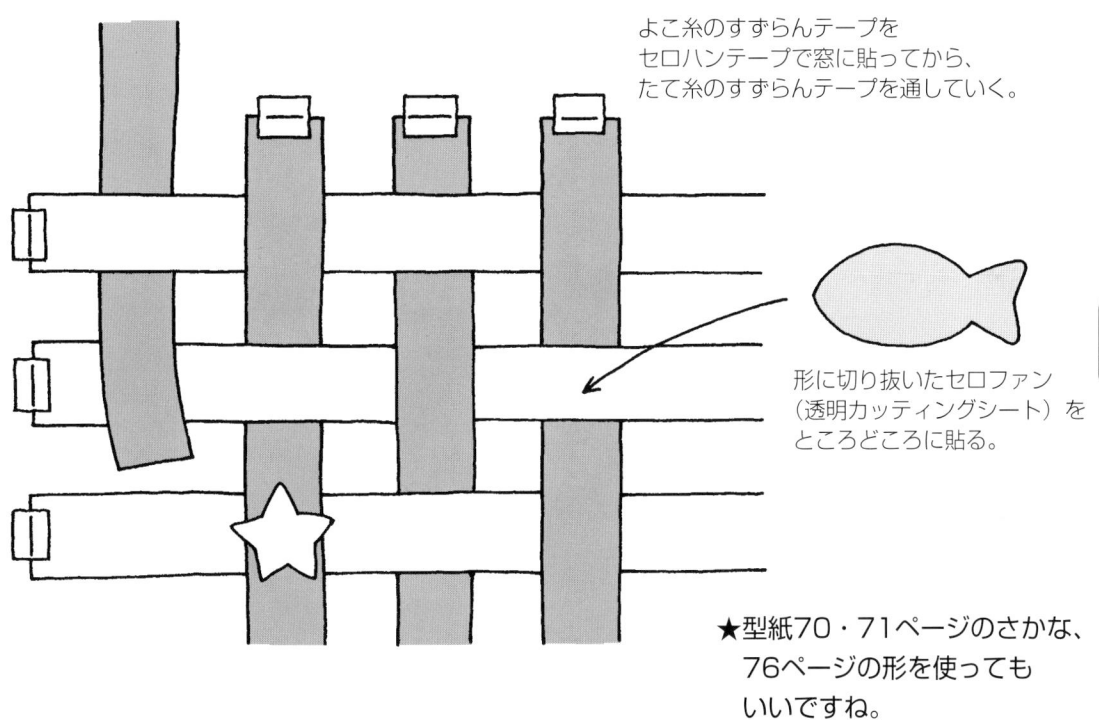

よこ糸のすずらんテープを
セロハンテープで窓に貼ってから、
たて糸のすずらんテープを通していく。

形に切り抜いたセロファン
（透明カッティングシート）を
ところどころに貼る。

★型紙70・71ページのさかな、
76ページの形を使っても
いいですね。

夏

変わり絵●ぞうさんシャワー

窓をあけると絵が変わる

用意するもの★色画用紙・パッキングネット
セロハンテープ（両面テープなど）・マーカーなど
★型紙は62〜64・66・70・71ページにあります。

夏

色画用紙で
やさいの海水浴

ブッカブカ……やさいさんが海水浴。
浮き輪でおひるねしているのはだあれ？
イルカもやってきて遊びたそう。

ハイビスカス、さかな、カブトムシのかわいいうちわ。
すいか、ジュース、ぱっと咲いたひまわり、
あさがおの花。かめさんもいますよ。

セロファンで●カラフルミニうちわ

子どもといっしょにつくる

用意するもの★セロファン・厚めの色画用紙・ビニールテープ
木工ボンド・セロハンテープ・マーカーなど
★型紙は76・77ページにあります。

ハイビスカス、魚、カブトムシのミニうちわでお祭り気分いっぱい。

つくり方

うちわ

すいか

かめ

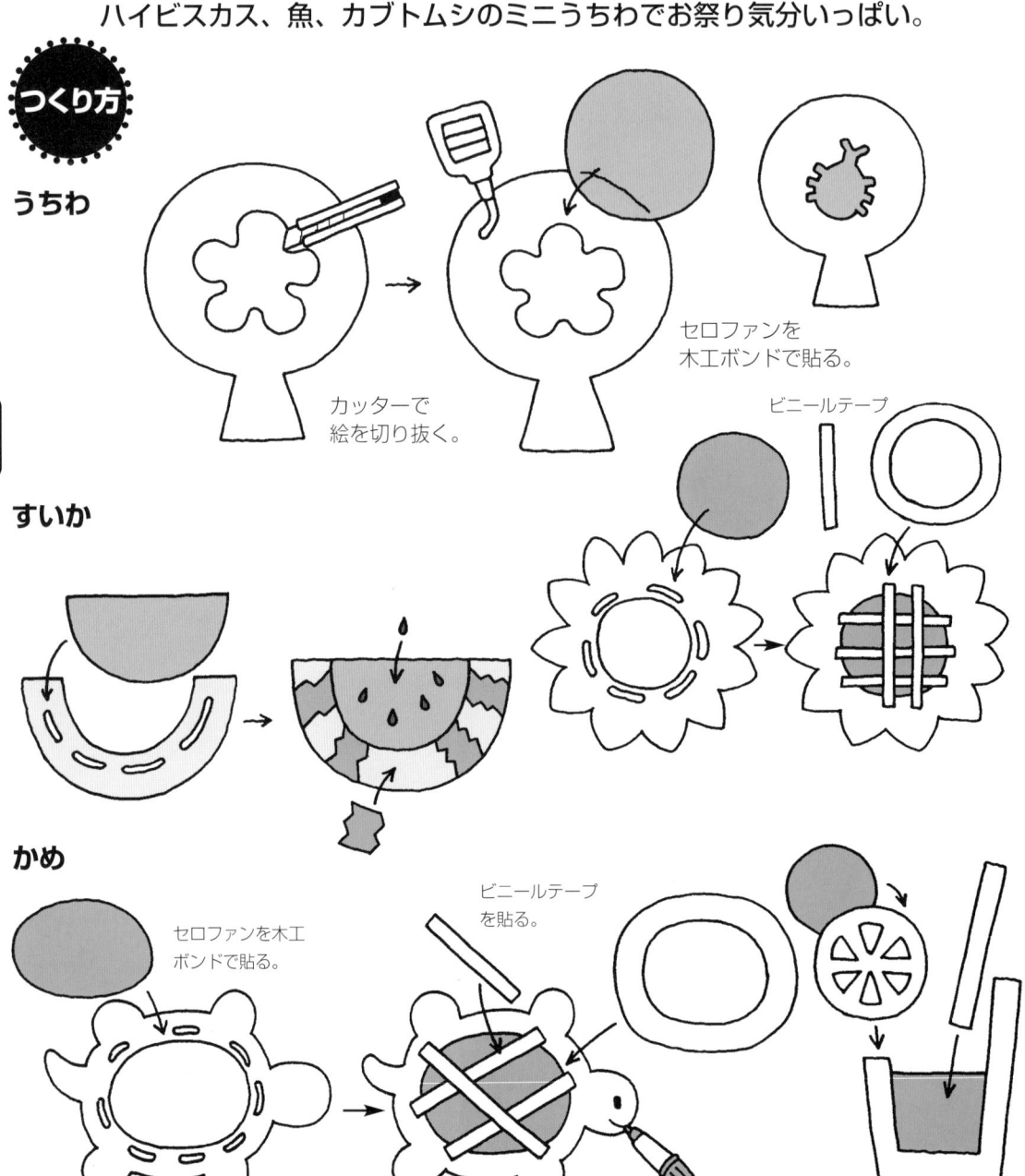

【子どもがつくるとき】

①折ってから重ね切りで中の形を切り抜く。

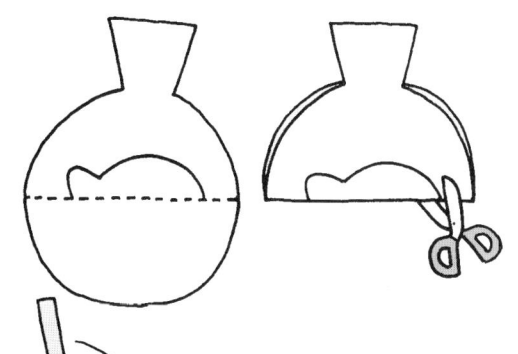

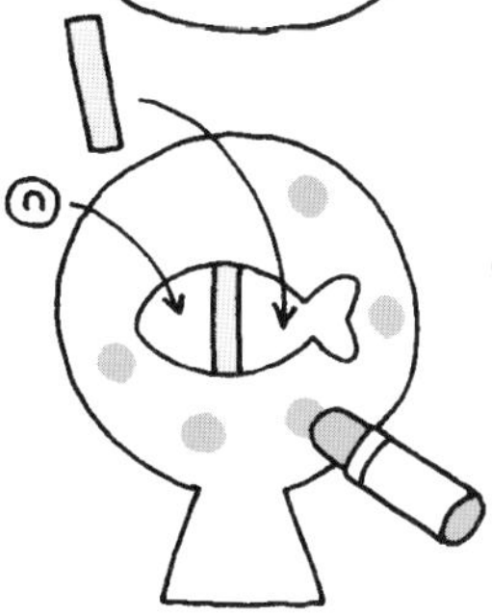

②色画用紙、シールを貼ったり、クレヨンで模様をつける。

つくり方のPoint

セロファンと色画用紙は木工用ボンドで接着します。ボンドをたっぷりつけすぎると乾いた時に紙がしわしわに縮みます。少しずつところどころにつけて、わりばしなどで薄くのばしましょう。乾くまで重しをすると縮み防止に効果的。また、厚紙や厚めの色画用紙を使いましょう。

応用

すずらんテープをつけて、華やかに。

取手をつけて、すいかバックに。

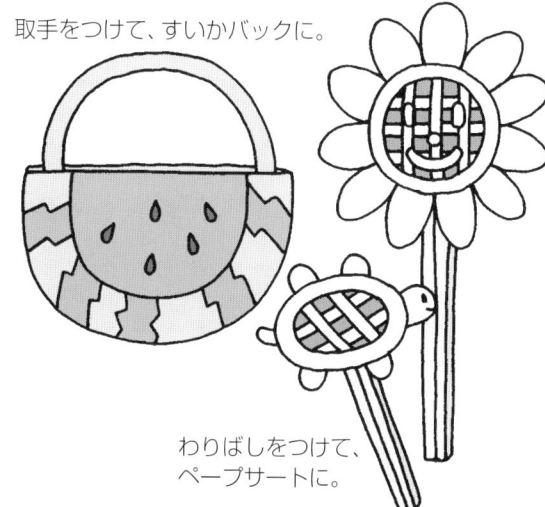

わりばしをつけて、ペープサートに。

色画用紙で●やさいの海水浴

用意するもの★色画用紙・カッティングシート（波に使用）
セロハンテープ（両面テープなど）・マーカーなど
★型紙は67・70ページにあります。

さるかに合戦

窓をあけると絵が変わる

秋

あっというまにりっぱな柿の木に！

窓をしめると…

はーやく大きくなれ。かにさんがせっせと水やり。おいしそうな柿の実がなりました。

セロファンで運動会

カラフルな運動会の旗が、
青空にはためいています!
よーい、どん!

セロファンで●運動会

用意するもの★セロファン・色画用紙・折り紙・クレヨンなど
セロハンテープ(両面テープなど)・のり・穴あけパンチ
★型紙は62〜65ページにあります。

セロファンでつくるステンドグラスみたいな万国旗。

旗をつくります。

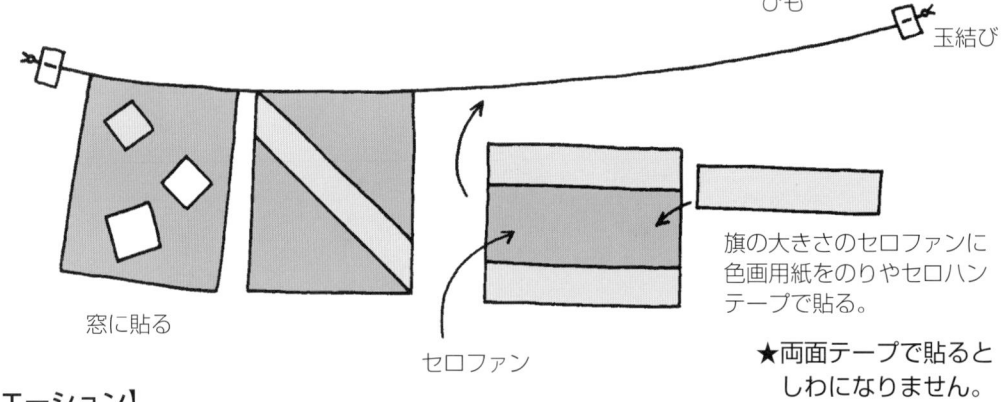

ひも　玉結び

窓に貼る　　セロファン

旗の大きさのセロファンに
色画用紙をのりやセロハン
テープで貼る。

★両面テープで貼ると
しわになりません。

【バリエーション】

切り抜いたイラストコピーを貼る。

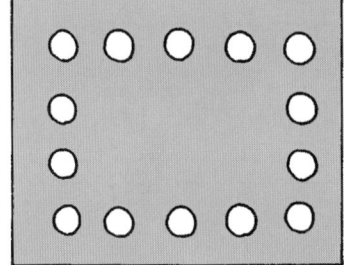
穴あけパンチで。

細かく切った折り紙を貼る。

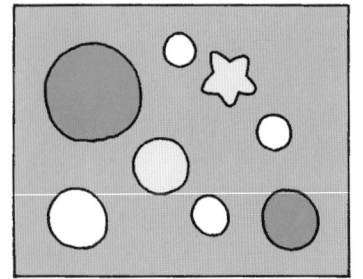
シールを貼る。

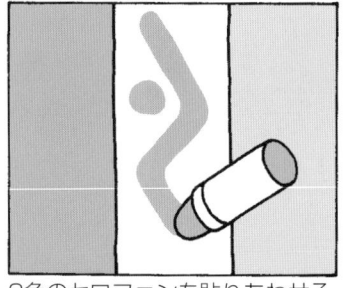
2色のセロファンを貼りあわせる。

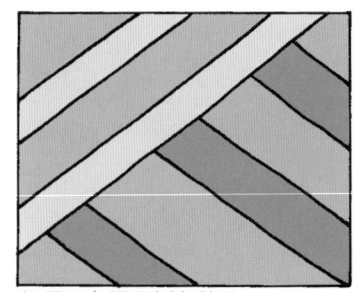
細長い色画用紙を貼る。

かけっこしているリスさん、ネズミさん、子どもの体操着の型紙もあります。

つくり方のPoint
旗の形を変えてみてもおもしろいですね。

プラス1 もっと簡単に旗がつくれます。

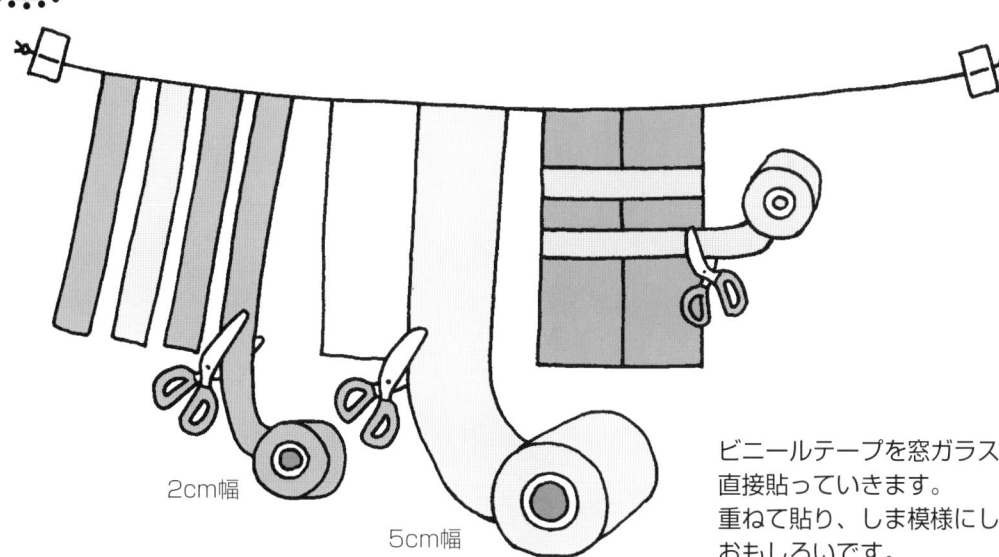

2cm幅
5cm幅

ビニールテープを窓ガラスに直接貼っていきます。
重ねて貼り、しま模様にしてもおもしろいです。

●さるかに合戦

用意するもの★色画用紙・セロハンテープ(両面テープなど)マーカーなど
★型紙は63・64・66・72ページにあります。

秋

落ち葉で
小鳥さんがいっぱい

モミジ、サクラ、柿、ユリノキ、コナラ、イチョウ、モミジ、カツラ、モミジバスズカケノキ。秋の公園では葉っぱが鮮やかに色づいています。光にかざすと、とてもきれいです。

のんびりひなたぼっこを
しているみのむしさん。
こっくりこっくり、
いねむりしている
みのむしさんもいますよ。

秋

ビニールテープで
みのむしさん

落ち葉で 小鳥さんがいっぱい

用意するもの★落ち葉を押し葉にしたもの・のり・画用紙
マーカーなど
押し葉にする道具……ティッシュペーパー・新聞紙・板・重し用の本

落ち葉で小鳥をつくります。
さかな、かめ、動物……いろいろ見立ててつくっても楽しいですよ。

つくり方

①拾ってきた落ち葉の土や水分などを拭きとってから押し葉にしましょう。

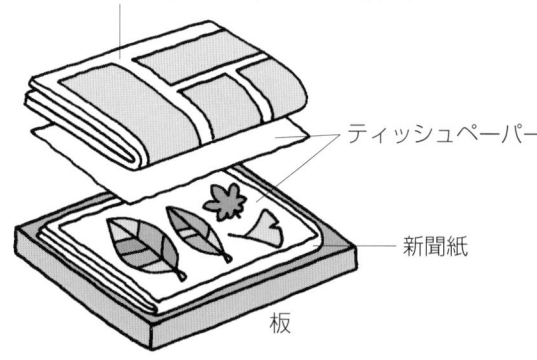

新聞紙（1枚を3回たたんで折る）
ティッシュペーパー
新聞紙
板

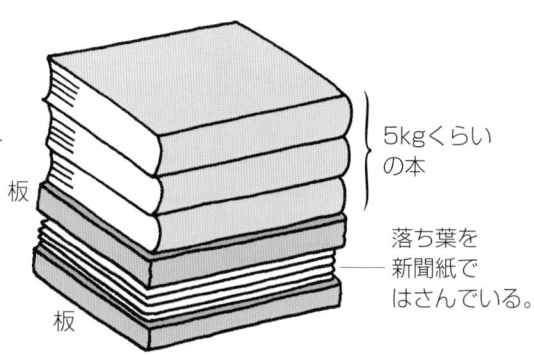

5kgくらいの本
板
落ち葉を新聞紙ではさんでいる。
板

☆3日〜1週間でできあがり！

②押し葉にのりをつけて窓の内側に貼ります。

つくり方のPoint
落ち葉をはがすとき

霧吹きで水を拭きかけ、のりをふやかしてから取る。のり跡は水でぬらしたぞうきんで拭きとりましょう。押し葉は退色したり、そってきたりするので、飾るのは1か月ぐらいが目安です。

ビニールテープで●みのむしさん

用意するもの★ビニールテープ・色画用紙・細い毛糸 マーカーなど・セロハンテープ（両面テープなど）

ビニールテープを短く切って、みのに。
重なって貼るとおもしろい効果が。

3、4枚重ね切りで

玉結びした毛糸を葉の下にセロハンテープで貼りとめる。

ビニールテープ

つくり方のPoint
みのむしの顔や葉っぱは子どもたちがつくっても楽しいですね。

北風さんとおうち

北風さんがピューピュー。
みんなで遊ぼう。

冬

窓をあけると
絵が変わる

窓を
しめると…

おうちに入ると
暖かいね。

ビニールテープで
ストライプクリスマスツリー

くつ下さんの中にプレゼントが入っているかな。
星サンタに、くまさんサンタ。楽しそう。

冬

ビニールテープで●ストライプクリスマスツリー

用意するもの★ビニールテープ・色画用紙・のり
セロハンテープ（両面テープなど）・マーカーなど
★型紙は62・65・66・76ページにあります（くま・音符・帽子・星）。

緑色のカラービニールテープでつくる簡単なクリスマスツリー。

つくり方

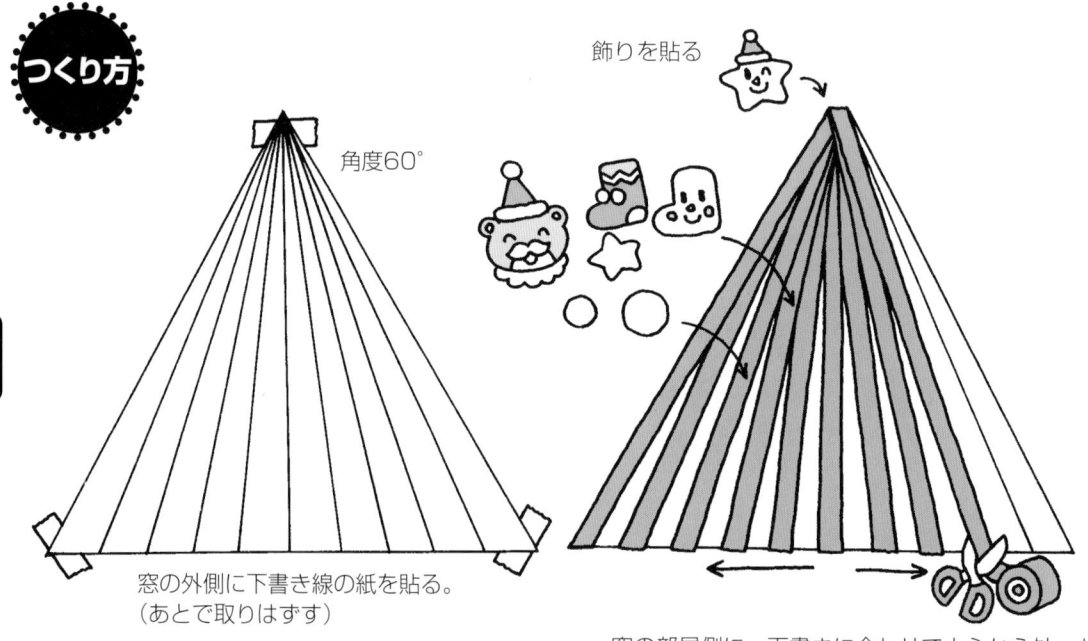

角度60°
飾りを貼る

窓の外側に下書き線の紙を貼る。
（あとで取りはずす）

窓の部屋側に、下書きに合わせて中心から外へと
ビニールテープを貼っていく。

【飾り】

色画用紙で
つくりましょう。

子どもたちが自由に
つくってもいいですね。

白いひげを
つける

つくり方のPoint

●同じ形をたくさんつくるとき

薄い紙は4～5枚、厚い紙は2枚くらいまとめて重ね切りします。紙のはじをホチキスでとめておくと、ずれないで重ね切りできます。

変わり絵●北風さんとおうち

窓をあけると絵が変わる

用意するもの★色画用紙・セロファン・白い梱包材
セロハンテープ（両面テープなど）・マーカーなど
★型紙は62～66・74ページにあります。

冬

つくり方

白い梱包材

セロファンで

屋根のかわらは
カッターで切り抜く。

プラス1

北風さんは白い梱包材でつくると、より風らしく見えます。

冬

毛糸・わたで
ふわふわ雪だるま

雪の玉をころがしているひつじさん、
うさぎさん、いぬさん。
大きな雪だるまができるといいね。

みかん　りんご　かき

毛糸・わたで ふわふわ雪だるま

用意するもの★毛糸（極太・並太）・ポリエステル綿・色画用紙
のり・セロハンテープ（両面テープなど）・マーカーなど

ふんわり、ぬくもりのある窓飾りです。

つくり方

【毛糸の貼り方】

①窓ガラスに貼るところへ直接のりをつける。

②のりが乾かないうちに毛糸をらせん状にのせていく。

③色画用紙のパーツを貼りつける。

【わたの貼り方】

①のりが乾かないうちにポリエステル綿を貼りつける。

②色画用紙のパーツを貼りつける。

つくり方のPoint
毛糸・わたをはがすとき

●霧吹きで水を吹きかけ、のりをふやかしてから取ります。のり跡は水でぬらしたぞうきんで拭きとりましょう。
●冬に飾るときは、結露防止スプレーをかけておくと、窓ガラスの水滴を防ぐことができます。

ビニールテープで●かわいい案内飾り

用意するもの★ビニールテープ（2cm幅）
シール（丸）・色画用紙

ビニールテープとはさみがあれば、パチン、ペタッと
簡単でかわいい飾りができます。
このページの絵を3倍くらいに拡大して下書きにしましょう。

春

おめでとう

おもちゃ

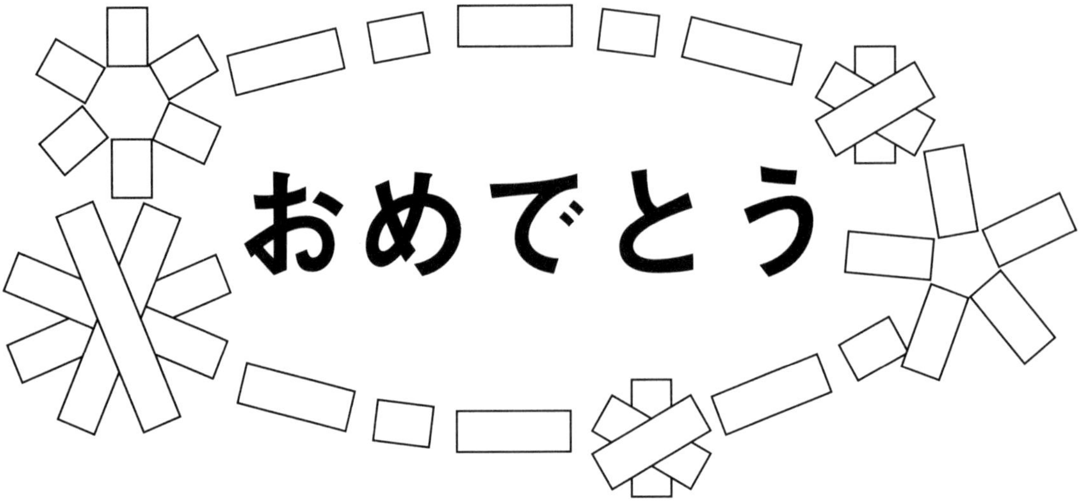

つくり方

窓の外側に型紙のコピーを貼り、型紙の線にそってビニールテープを貼っていく。

つくり方のPoint

ビニールテープを切る時はテープがくっつかない加工をしたはさみが便利です。ガムテープの残りもつかないので切れ味が落ちません。

せんせい
の
へや

きゅうしょくしつ

春

鏡で●ちょうのひらひらアーチ

子どもといっしょにつくる

用意するもの★色画用紙
　　　　　　　セロハンテープ（両面テープなど）

入園式、学芸会、保育参観など行事のとき、洗面鏡もちょっとドレッシーにしましょう。ちょうが鏡に写ってきれいですよ。

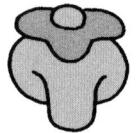

春

プラス1 66ページの型紙のイラストも飾るとかわいいですね。

つくり方

紙を2つに折って
重ね切りをする。

両面テープを下につけて
鏡に貼る。

応用

花

秋のとんぼ

はばたく鳥

色画用紙は同系色にしたり、
ピンク→うす赤紫→藤→うす青→あさ緑→黄緑→黄→べに鮭と
色のグラデーションにしてもいいでしょう。

春

たこ糸で ゆらゆらてるてるぼうず

子どもといっしょにつくる

用意するもの★画用紙・色画用紙・たこ糸・すずらんテープ
セロハンテープ（両面テープなど）・のり・千枚通し・マーカーなど
★型紙は75ページにあります。

いろいろな顔をかいて飾ってみましょう。

つくり方

玉結び

千枚通しで頭の上の方に穴をあけ、たこ糸を通し、セロハンテープで巻きとめる。

玉結びしたたこ糸をセロハンテープで窓に貼る。

マーカーやクレヨンで顔をかく。

すずらんテープを水滴の形に切ってのりで貼る。

プラス1

ちいさな雲にすると、ミニコーナーの飾りにもなります。

白い梱包材にすると、雲らしくみえます。

つくり方のPoint

●たこ糸を玉結びにしてその上をセロハンテープで貼ってとめると、糸がずれ落ちません。
●すずらんテープを貼ったのりは、はがした後、ぬれぞうきんで拭きとりましょう。

ひもで●Tシャツくんお洗濯

<子どもといっしょにつくる>

用意するもの★ ・色画用紙・ひも・ビニールテープ
クレヨン（マーカー・絵の具）・のり・折り紙
★型紙は63〜65・75ページにあります。

天気がいい日は洗濯日和。
風になびくTシャツのさわやか飾りです。

つくり方

シールを貼る。

細かく切った折り紙を貼る。

クレヨン・マーカーでかく。

濃い目にといた絵の具をスポンジにつけて上からたたくようにつける。

野菜の切り口でスタンプしてもおもしろいですね。

プラス1　窓をあけると絵が変わる

窓を閉めたとき

窓をあけると……Tシャツを着てゴキゲン！

ビニールテープで●パッとかんたん花火

子どもといっしょにつくる

用意するもの★ビニールテープ（2cm幅）・はさみ
★型紙は78ページにあります。
2.5倍くらいに拡大して使いましょう。

夏

つくり方
窓の外側に型紙のコピーを貼り、型紙の線にそってビニールテープを貼っていくと楽です。

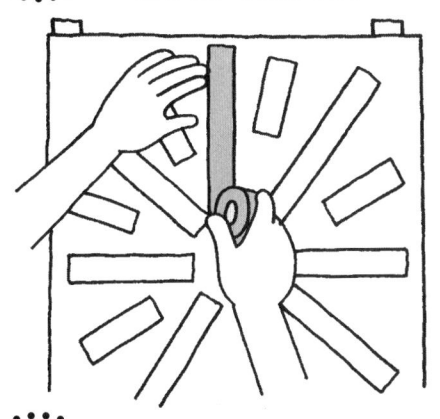

つくり方のPoint

● ビニールテープは2cm幅〜5cm幅のものがあります。色も赤・だいだい・黄・黄緑・緑・青・水色・紫・茶・こげ茶・灰・黒・白・ピンクと豊富にあります。
● ビニールテープの重なったところも光に透過してきれいです。

応用

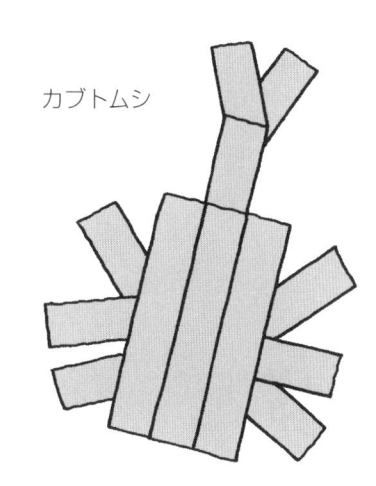

ライオン　　　　　カブトムシ

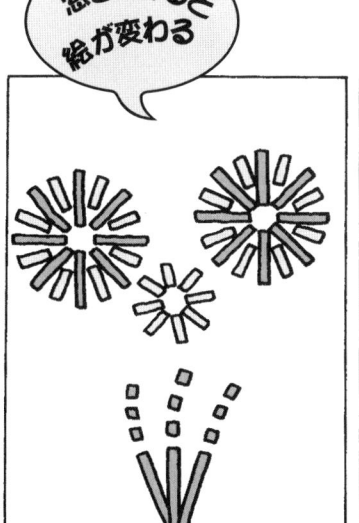

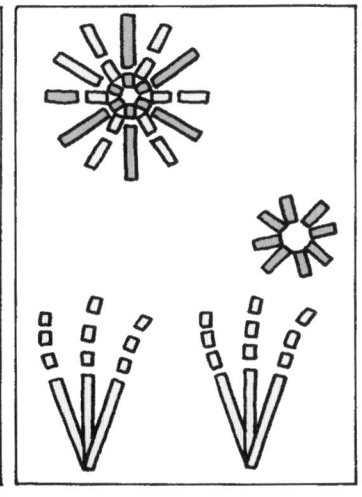

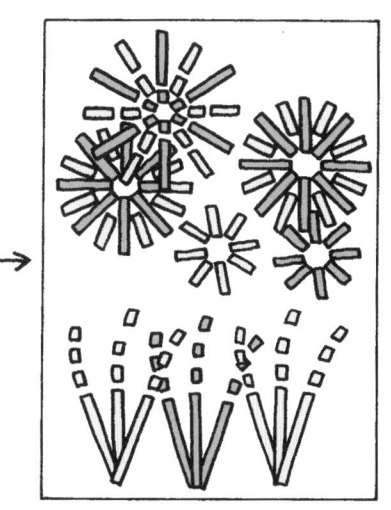

夏

窓をあけると絵が変わる

窓を閉めたとき　　　　　窓をあけると……花火大会のフィナーレ！

ホースで 涼しい風鈴飾り

用意するもの★ホース（細〜太）・色画用紙・ビニールテープ
鈴・ビーズ・たこ糸・セロハンテープ・千枚通し・油性マーカーなど

ホースは軽くて曲げやすく、はさみで加工しやすい素材です。
窓枠の上に棒をかけて飾りましょう。

夏

つくり方

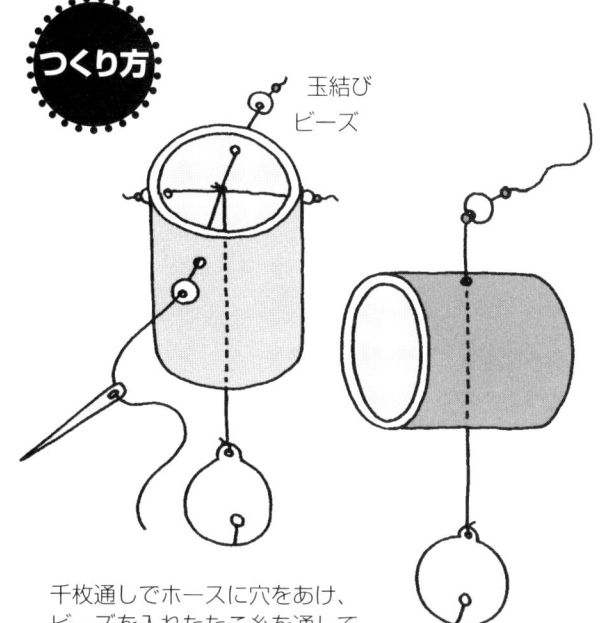

千枚通しでホースに穴をあけ、ビーズを入れたたこ糸を通して玉結びする。

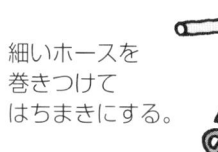

玉結び
ビーズ

細いホースを巻きつけてはちまきにする。

ホースはマーカーで顔をかく。

色画用紙の耳・からだはセロハンテープで貼りつける。

つくり方のPoint

ホースは5mmくらいから25mmくらいまでいろいろな太さがあります。色も透明・半透明・カラフルな種類がたくさんあります。アイディアをたくさん広げて、つくってみましょう。

応用

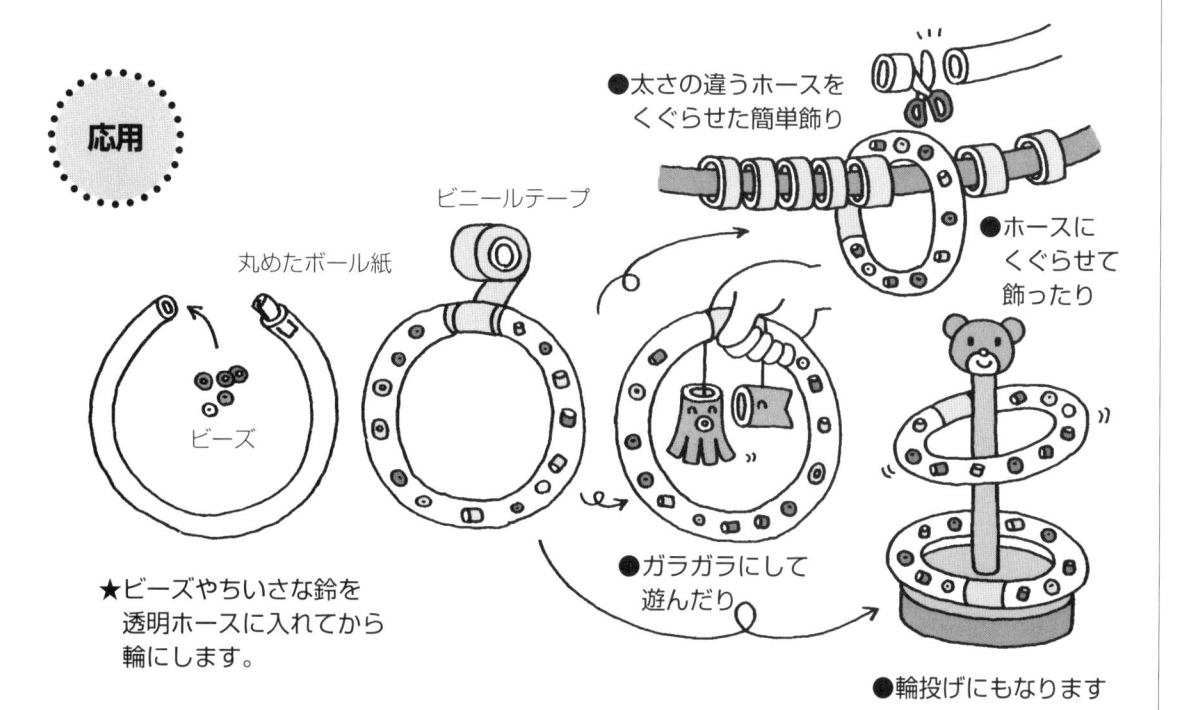

丸めたボール紙
ビーズ
ビニールテープ

★ビーズやちいさな鈴を透明ホースに入れてから輪にします。

● 太さの違うホースをくぐらせた簡単飾り
● ホースにくぐらせて飾ったり
● ガラガラにして遊んだり
● 輪投げにもなります

夏

かさ袋で● さかなといかの親子

子どもといっしょにつくる

用意するもの★ ・かさ袋 ・丸いシール ・ビニールテープ ・紙テープ
画用紙 ・セロハンテープ ・油性マーカー

かさ袋でつくる透明のさかなといか。
簡単につくれます。

つくり方

【さかな】

尾ひれの形に切ってうろこなどをかく。

丸いシールに目玉をかいて。

①かさ袋を3等分に切る。（3匹分）

②切れこみを入れる。

③折ってセロハンテープでとめる。（ウラ）

プラス1

かさ袋の長さを変えてみると……形も変わります。
模様や尾の形を工夫して、いろいろな魚をつくりましょう。

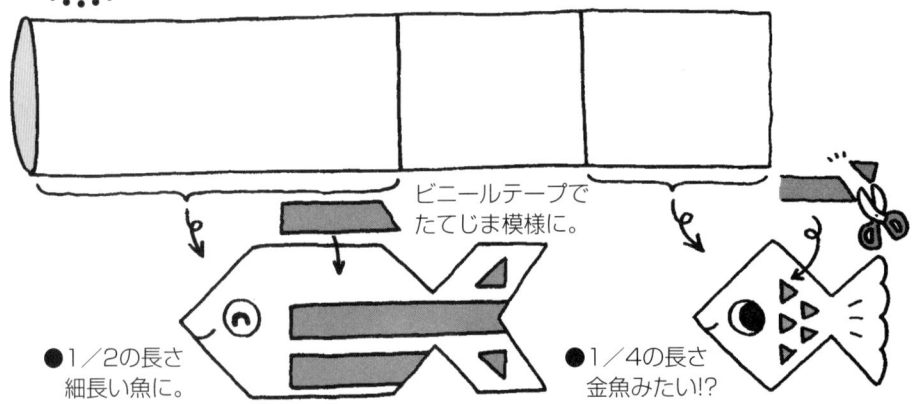

ビニールテープでたてじま模様に。

●1/2の長さ
細長い魚に。

ビニールテープを三角に切ってうろこに。

●1/4の長さ
金魚みたい!?

夏

【いか】

かさ袋1枚から親いか2はい、子いか2はい、とれる。

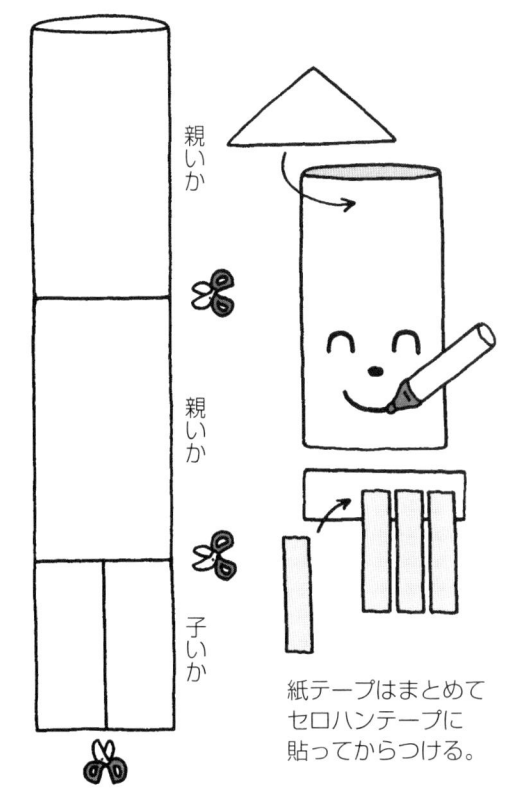

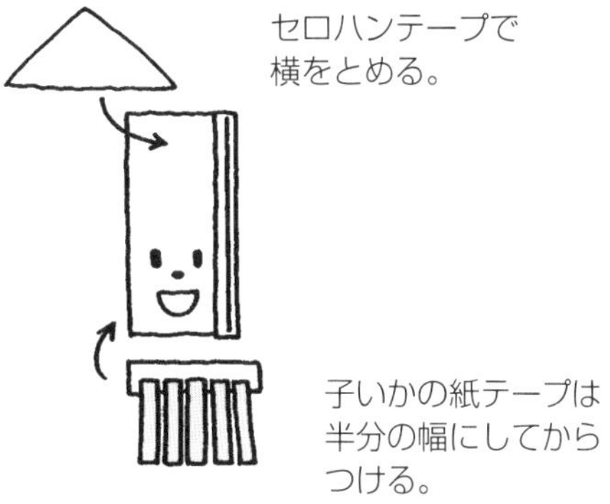

親いか
親いか
子いか

つくり方のPoint

かさ袋と紙の接着は木工ボンドやのりではできません。セロハンテープ、両面テープ、ゴム系接着剤を使いましょう。ゴム系接着剤は幼児には扱いにくいので、おとなが制作するときに使いましょう。

紙テープはまとめてセロハンテープに貼ってからつける。

セロハンテープで横をとめる。

子いかの紙テープは半分の幅にしてからつける。

飾ってみましょう　背景に青い紙テープを貼りつけると海らしくなります。

夏

ストローで すーいすいとんぼ

子どもといっしょにつくる

用意するもの★ストロー・色画用紙
セロハンテープ（両面テープなど）・マーカー・クレヨン

すぐにできる簡単とんぼ飾り。
目玉を工夫したり、いろいろな色でたくさんつくって飾ると楽しいですね。

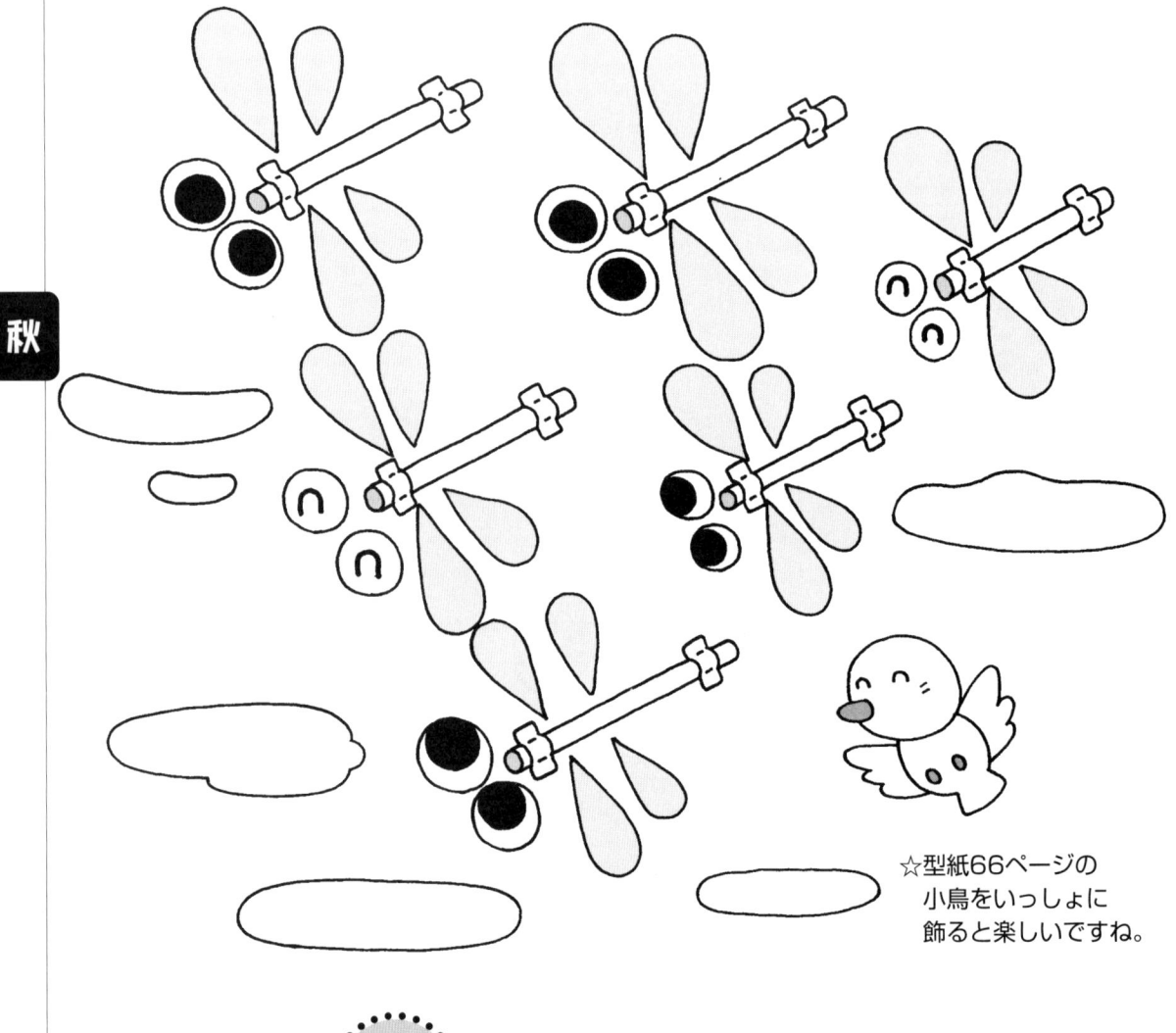

秋

☆型紙66ページの
小鳥をいっしょに
飾ると楽しいですね。

プラス1 とんぼの大きさを変えると
遠近感がでてきます。

つくり方

①クレヨン・マーカーで目玉をかく。

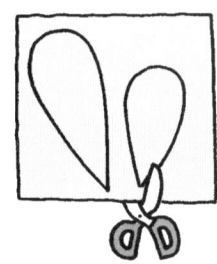

②羽を切る。（色画用紙）

つくり方のPoint

年少児●丸い紙に目玉をクレヨンでかいてみましょう。

年中児●丸い紙と羽の形の紙に色をぬりましょう。

年長児●とんぼの羽をいろいろな素材（すずらんテープ・セロファン・梱包材など）で工夫してつくりましょう。

③ストローは半分に切り、窓にセロハンテープで貼る。　④雲は紙をちぎったり、切り抜く。

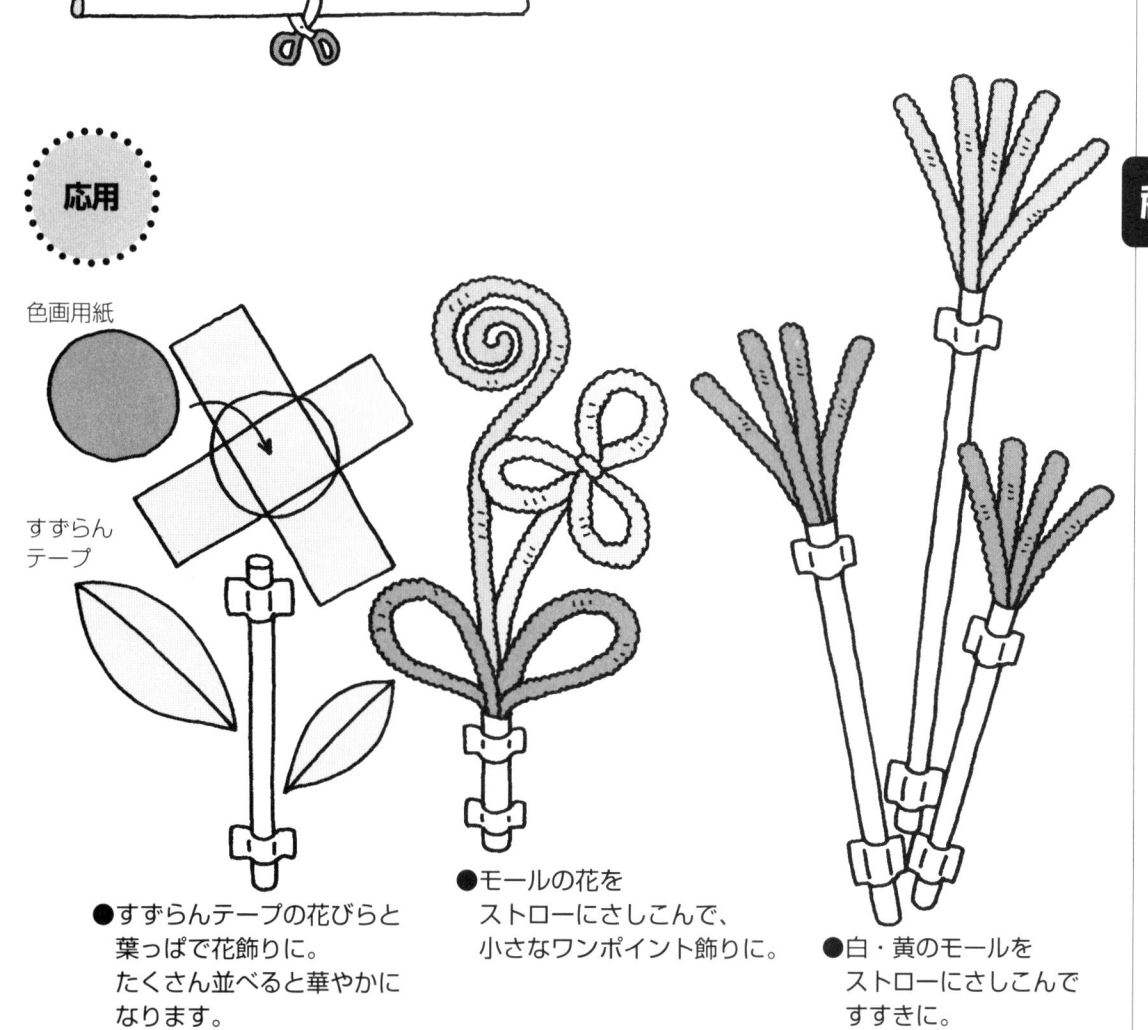

応用

色画用紙

すずらんテープ

●すずらんテープの花びらと葉っぱで花飾りに。たくさん並べると華やかになります。

●モールの花をストローにさしこんで、小さなワンポイント飾りに。

●白・黄のモールをストローにさしこんですすきに。

秋

クリアポケットで●ねこさんポケット

子どもといっしょにつくる

用意するもの★クリアポケット（A6・名刺サイズ）
色画用紙・セロハンテープ（両面テープなど）
※クリアポケットのサイズは目安です。ねこの大きさに合わせてサイズを変えてみましょう。　★型紙は73ページにあります。

ねこさんのポケットに何を入れましょうか。使い方はアイディアしだい。
持ちもののお知らせ掲示板にしたり、
お話をつくっても楽しいですね。

つくり方

だいだい色の画用紙を
クリアポケット（名刺サイズ）に
入れて、オレンジジュースにする。

クリアポケット（A6）を
両面テープで貼る。

色画用紙で型紙のねこを
つくり、窓に貼る。

秋

応用 こんな使い方は……

明日はイモ堀り。
「もちものは長ぐつ、タオル、軍手……」と、ねこさんポケットに持ち物を入れていきます。ポケットが透明なので、いつも見えて覚えてくれます。

クリアポケットについて

カード・写真・切手などを入れる透明なポケット袋は、文房具店で購入できます。名刺サイズからA3までのサイズがあります。フタつきのものや粘着テープがついているもの、横長のものもあります。こまごました飾りやイラストの切り抜き、子どもの制作物の保存にも重宝します。

プラス1

運動会の2週間前くらいから、白い球を毎日入れていきます。いっぱいになったら運動会！

秋

★動物の型紙は62〜64ページにあります。

色画用紙で 変身コーナー

子どもといっしょにつくる

用意するもの★色画用紙・模造紙
セロハンテープ（両面テープなど）・マーカーなど

大きくなったら、どんな人になりたいかな？
大きなおいしいケーキをつくるコックさんはいかがでしょうか。

つくり方 子どもに窓の外に立ってもらい、背の高さに合わせて貼りつけましょう。

MEMO

秋はフェスティバル、作品展、お店やさんごっこと楽しい行事が続きます。窓に変身コーナーをつくって雰囲気を盛り上げましょう。

訪れた父母の撮影ポイントにもなり、親どうしもなかよくなるきっかけになるといいですね。

応用 子どもの好きな動物、キャラクターでつくっても。

●どうぶつ変身コーナー
ながーい耳とひげがついちゃうぞ。

●お姫さま変身コーナー
顔の部分に顔をだしましょう。

クリアポケットで プレゼントツリー

子どもといっしょにつくる

用意するもの★クリアポケット（A6）、イラストの切り抜き
折紙・セロファン・リボン・毛糸・色画用紙・
セロハンテープ（両面テープなど）

中身が見える不思議なプレゼント。クリスマスカラーの
リボンをつけるだけでクリスマスムードがいっぱいです。

プラス1

62〜66ページの型紙のイラストも飾ると楽しいですね。

冬

つくり方

セロファン折り紙

型紙コピーしたイラストの切り抜き

リボンの切れ端

毛糸

押し花
押し葉

MEMO

飾りにリボンをプラスするだけで印象がぐっと引き立ってきます。飾りがちょっともの足りないなと思ったときの強い味方です。

壁面飾りや誕生日カードに登場する動物にリボンをつけるとセレモニーらしい雰囲気になります。

①クリアポケットの中にいろいろ入れる。

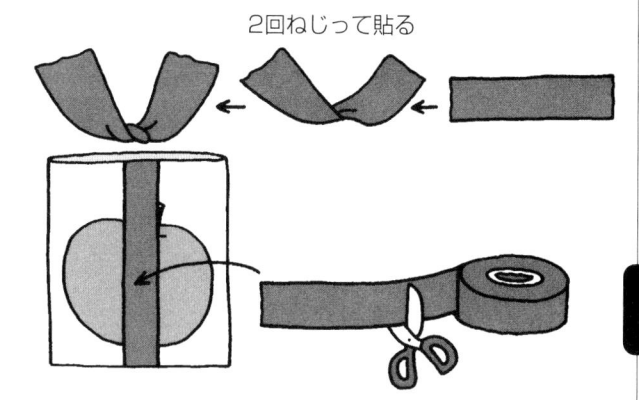

2回ねじって貼る

②窓にピラミッド型に貼りつけ、リボン（赤や緑）を貼ってできあがり。リボンのかわりに紙テープや色画用紙を使っても大丈夫。

冬

プラス1

ピンキングばさみでギザギザにしてもかわいい。

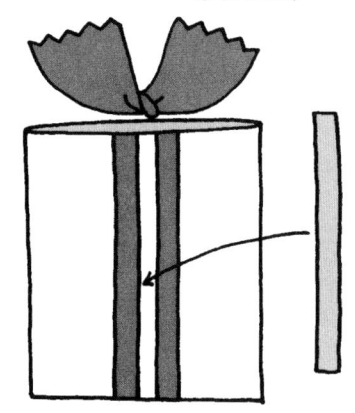

幅の違う色のリボンを重ねて貼るとグレードアップした印象に。

リボンを斜めにつけておしゃれに。

色画用紙で のぞいてごらん

子どもといっしょにつくる

用意するもの★色画用紙・模造紙
セロハンテープ（両面テープなど）・マーカーなど

色画用紙や模造紙でつくる大きなバス。
部屋の雰囲気づくりにぴったりです。

つくり方 バスの窓を切り抜く

「発車オーライ、バスが出発しまーす」
いぬさんが運転手。
さあどこへ行きましょうか……
こんなごっこ遊びにも使えますね。

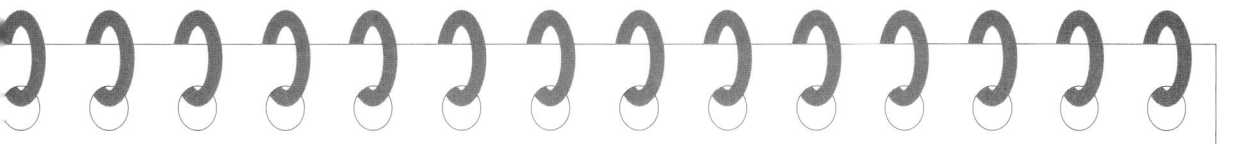

応用

家、汽車、自動車の運転席の窓を切り抜いて窓に貼って、外の風景を見るとおもしろいですよ。
いろいろなお話をつくって遊びましょう。

●家
お客さん
遊びにきたかな。

窓の中を切り抜く

●汽車
シュポッポー
今はどこを走っているのかな。

冬

●自動車

中を切り抜く

うさぎさんといっしょにドライブに出発！

ビニールテープで●ガーデニング飾り

子どもといっしょにつくる

用意するもの★ビニールテープ（白・4〜5cm幅）
色画用紙・セロハンテープ（両面テープなど）・マーカーなど

もうすぐ春。ひと足先に窓に花を咲かせましょう。
幅広のビニールテープで白いトレリスをつくってみました。
目かくししたい窓にもぴったりです。

冬

★花は型紙68・69・75ページを使うこともできます。

つくり方

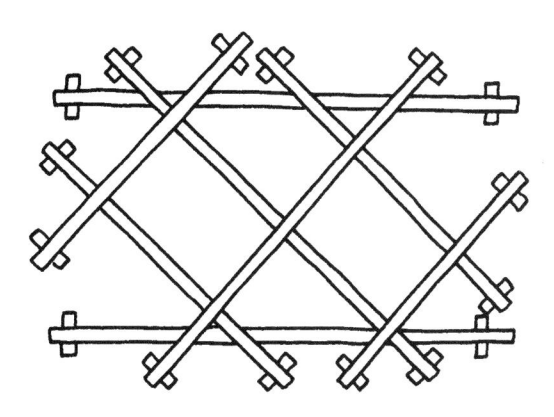

① ビニールテープを貼る位置の目安のため、あらかじめ窓の外側にひもを貼っておく。

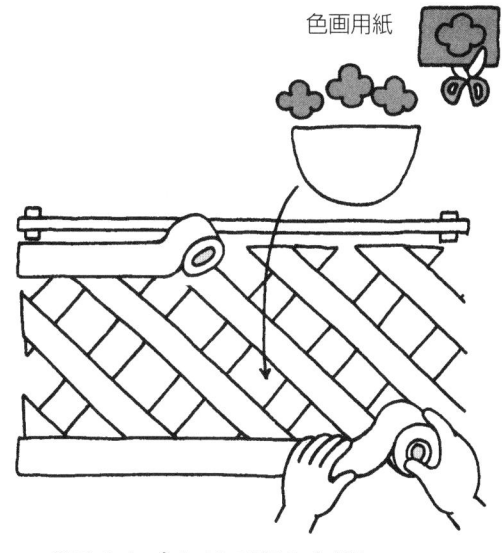

色画用紙

② ひもに合わせて窓の内側にビニールテープを貼っていく。
③ ビニールテープのトレリスの上に花を貼る。

応用

● かわいい音符くん

ビニールテープ
（2cm幅）

● 夏のアサガオの
　はしご仕立に

ビニールテープ
（4〜5cm幅）

冬

★型紙・音符くんは65ページに、アサガオは77ページに。

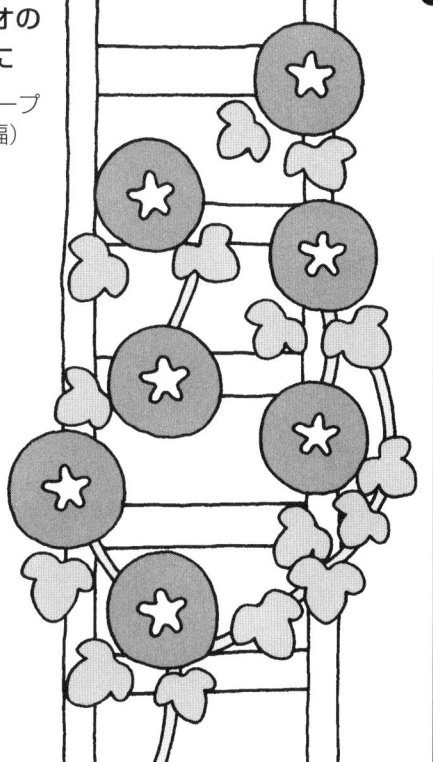

窓ガラスのクリーニング

用意するもの★はたき（ほこりを吸着する化学ぞうきん）
霧吹き・スキージ・新聞紙・乾いたぞうきん

せっかくの窓飾りも窓が汚れていたら……。
そんなときお気軽にできるそうじ方法をご紹介します。

【窓の外側】

土ぼこりをはたきではらい落とす。化学ぞうきんで拭きとってもよい。

窓の上方から霧吹きで水を拭きかける。

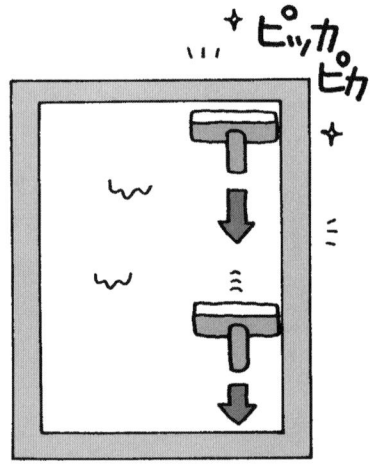

すぐ、スキージで、右はじから上→下、水分を下にしごき出していく。これでピッカピカ！！

【窓の内側】

仕上げは乾いたぞうきんでから拭きしましょう。

ほこりをはたきではらい落とす。化学ぞうきんで拭きとってもよい。

窓の上方から霧吹きで水を拭きかける。

すぐ、くしゃくしゃにした新聞紙で、窓のすみずみをみがく。

シール・粘着テープをはがす

窓飾りをはがし取った後、テープのはがし残しがとれなくて困ったことがありませんか？　市販のシールはがしクリーナーを使うと、楽にはがし残り・のり残りをとることができます。

シールはがしクリーナーにはスプレータイプとチューブタイプの2種類があります。

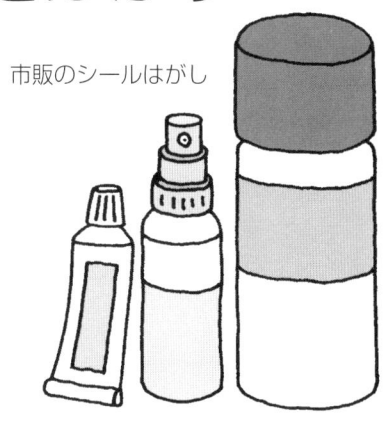

市販のシールはがし

【シールはがしの使い方】

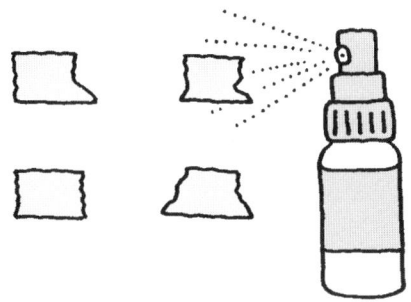

①はがし残りにシールはがしクリーナーをスプレーする。
※窓ガラスにはスプレータイプがよくはがれます。

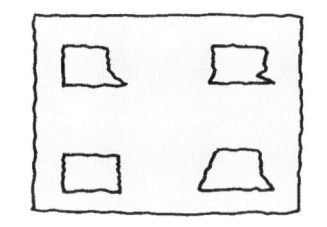

②スプレー後ラップをかぶせて液を浸透させる。
ティッシュペーパーをかぶせてもよい。

③プラスチックのヘラでこすりとるようにはがしていく。
1回ではがせないときは①〜③を繰り返す。

★長時間放置したはがし残りは硬化して、はがれにくくなります。
1〜2か月くらいではがしましょう。

注意!!

子どものそばではシールはがしクリーナーは使わないようにしましょう。
また、使用時は充分に換気しましょう。

この本で使う材料

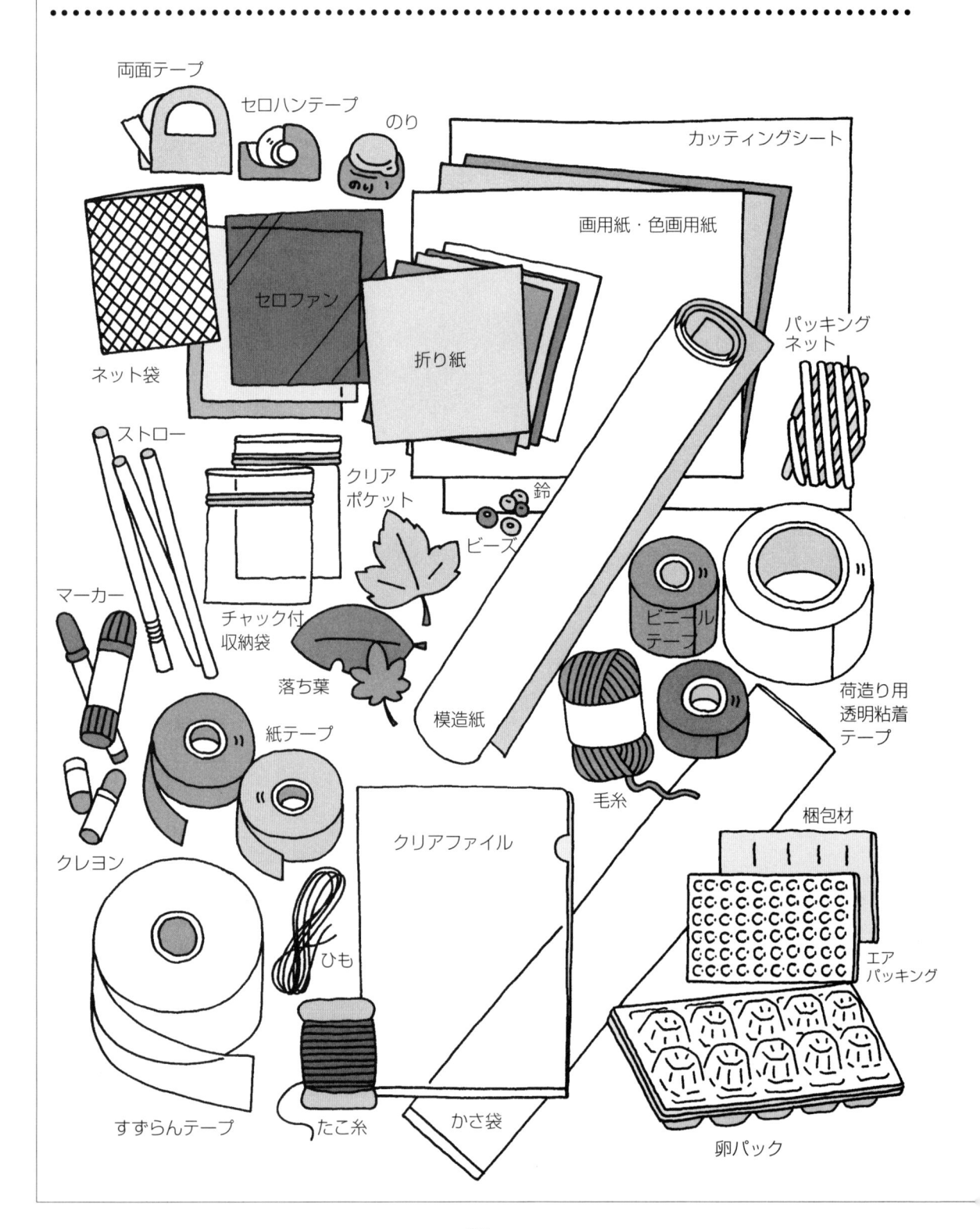

- 両面テープ
- セロハンテープ
- のり
- カッティングシート
- 画用紙・色画用紙
- ネット袋
- セロファン
- 折り紙
- パッキングネット
- ストロー
- クリアポケット
- 鈴
- ビーズ
- マーカー
- チャック付収納袋
- 落ち葉
- 模造紙
- ビニールテープ
- 荷造り用透明粘着テープ
- 紙テープ
- 毛糸
- クレヨン
- クリアファイル
- 梱包材
- エアパッキング
- すずらんテープ
- ひも
- たこ糸
- かさ袋
- 卵パック

型紙の使い方

コピーして使う●ビギナー向き

62ページからの型紙は縮小版もあります。
つくりたい大きさに拡大して使いましょう。

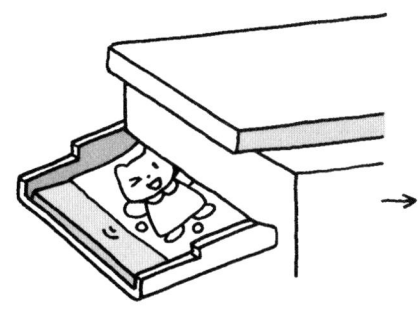

【A】 ①手差しコピーで色画用紙に型紙を拡大コピーする。

②切り抜く。

③ほっぺ、口などをマーカーなどで色をつける。

【B】 ①3種類の色画用紙で拡大コピーし、3枚まとめてカッターでパーツごとに切り抜く。

②他の色画用紙のパーツと組み合わせて貼り合わせると、3種類の色のねこができあがり。

がんばりさん向き●写真の窓飾りはこの方法でつくっています。

表　裏　表　トレーシングペーパー

①拡大した型紙の上にトレーシングペーパーをのせ、鉛筆（HBくらいがよい）でトレースする。

②トレーシングペーパーの裏側をもう一度鉛筆でなぞる。

③パーツごとに色画用紙、折り紙へトレーシングペーパーをなぞって写す。色画用紙のパーツを切り抜く。

④パーツをまとめるために、トレーシングペーパーにのりで貼りあわせる。（下に拡大した型紙を敷いておくと貼りやすい）

最後にまわりを切り抜く！

62

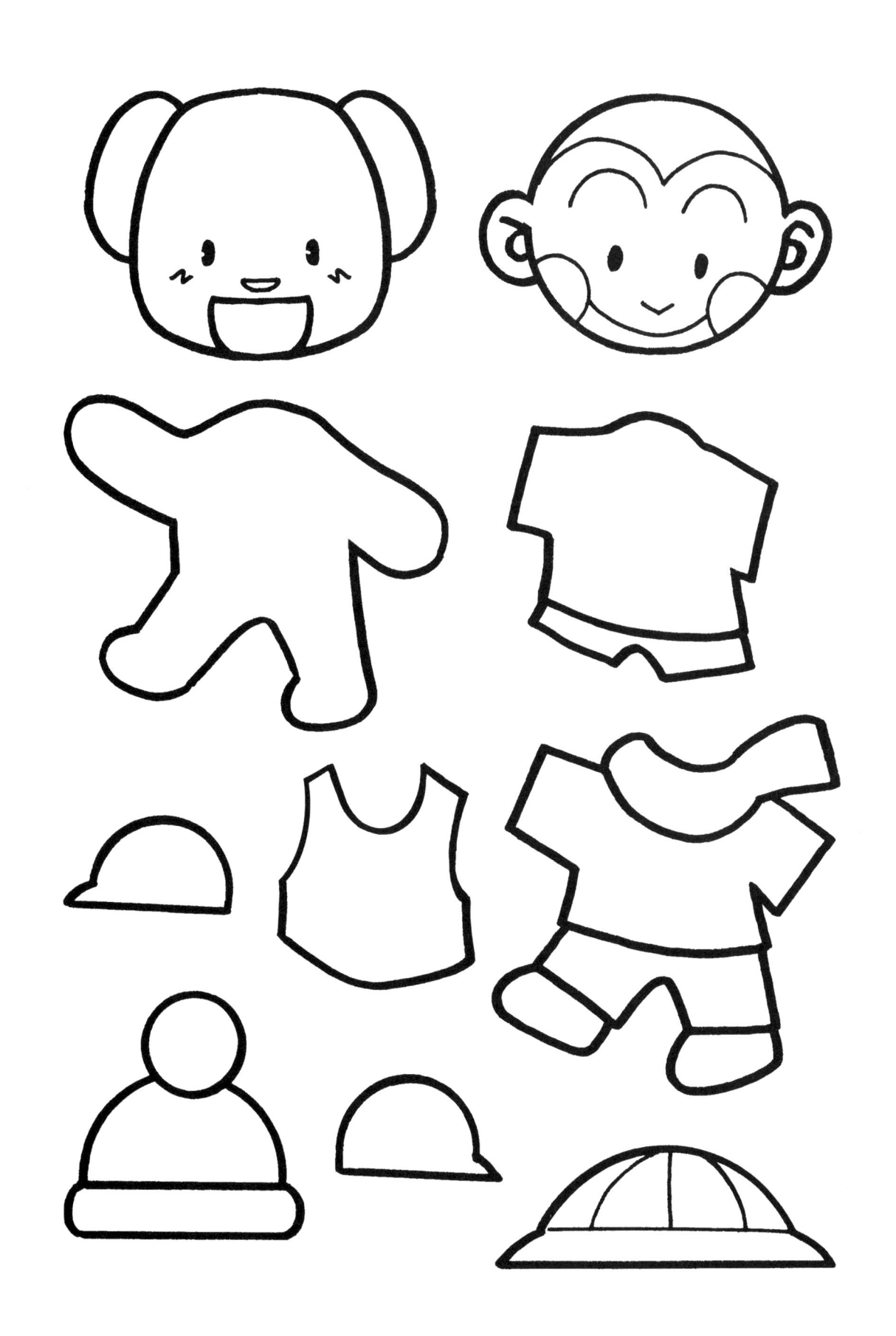

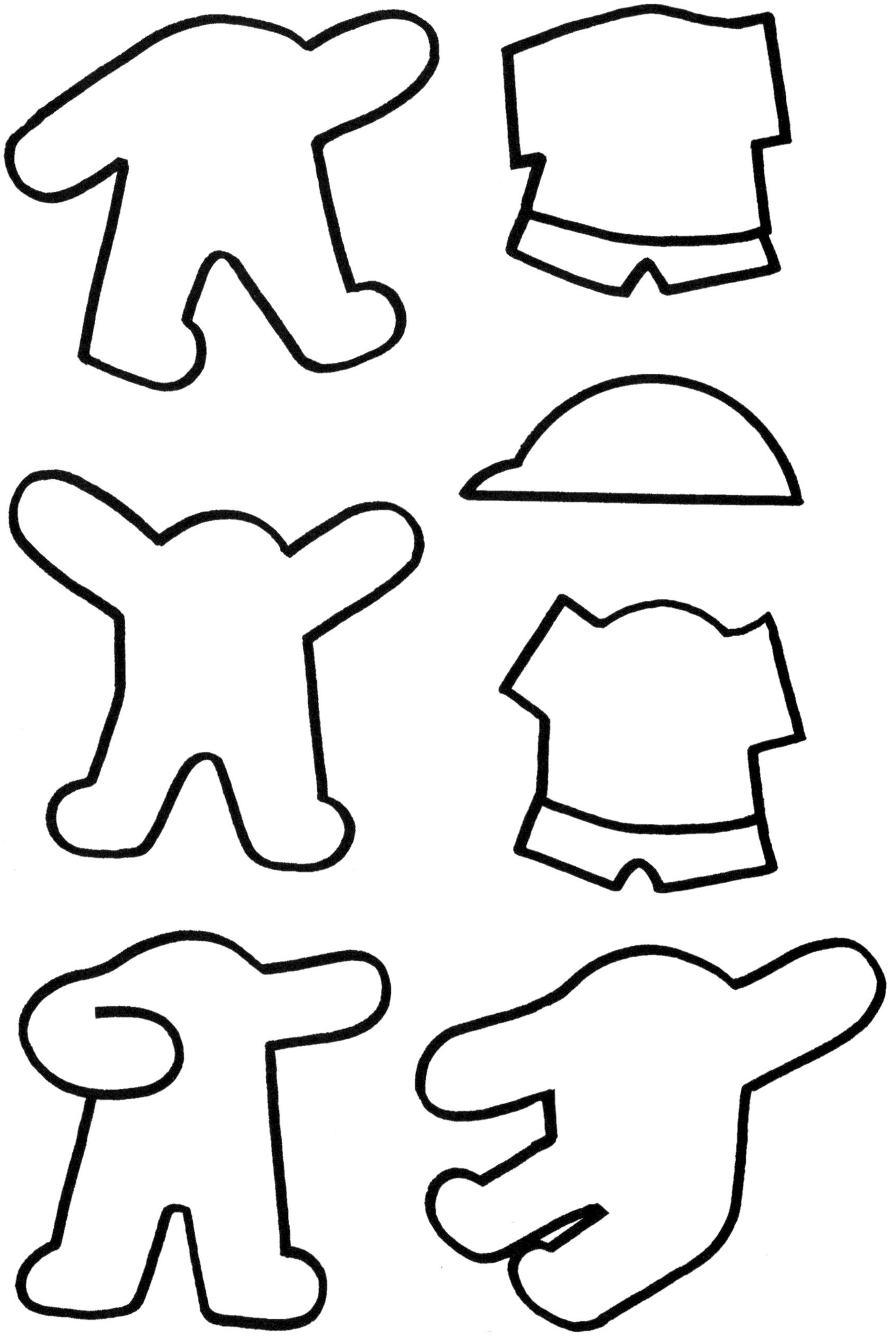

65

66

67

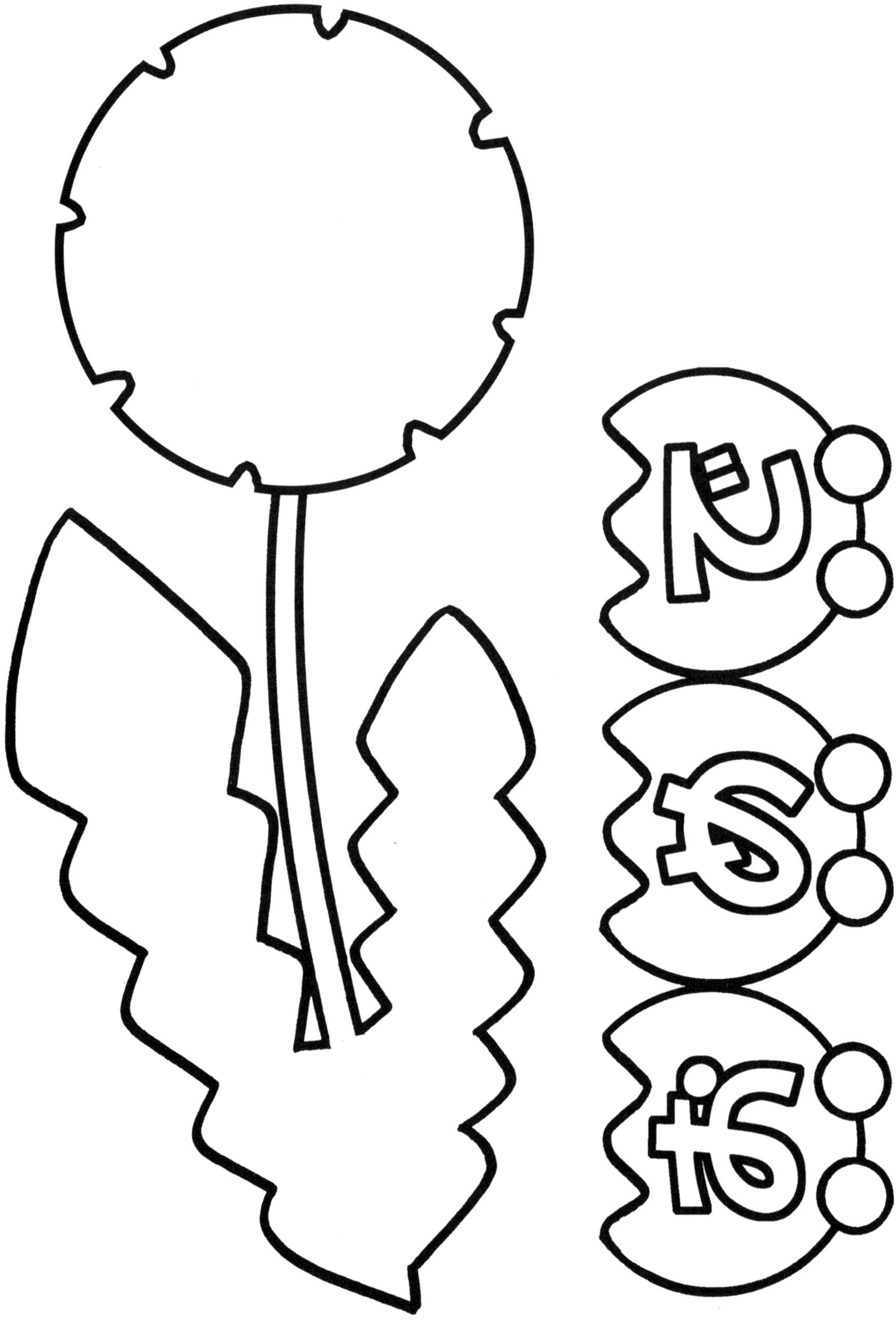
おめで

69

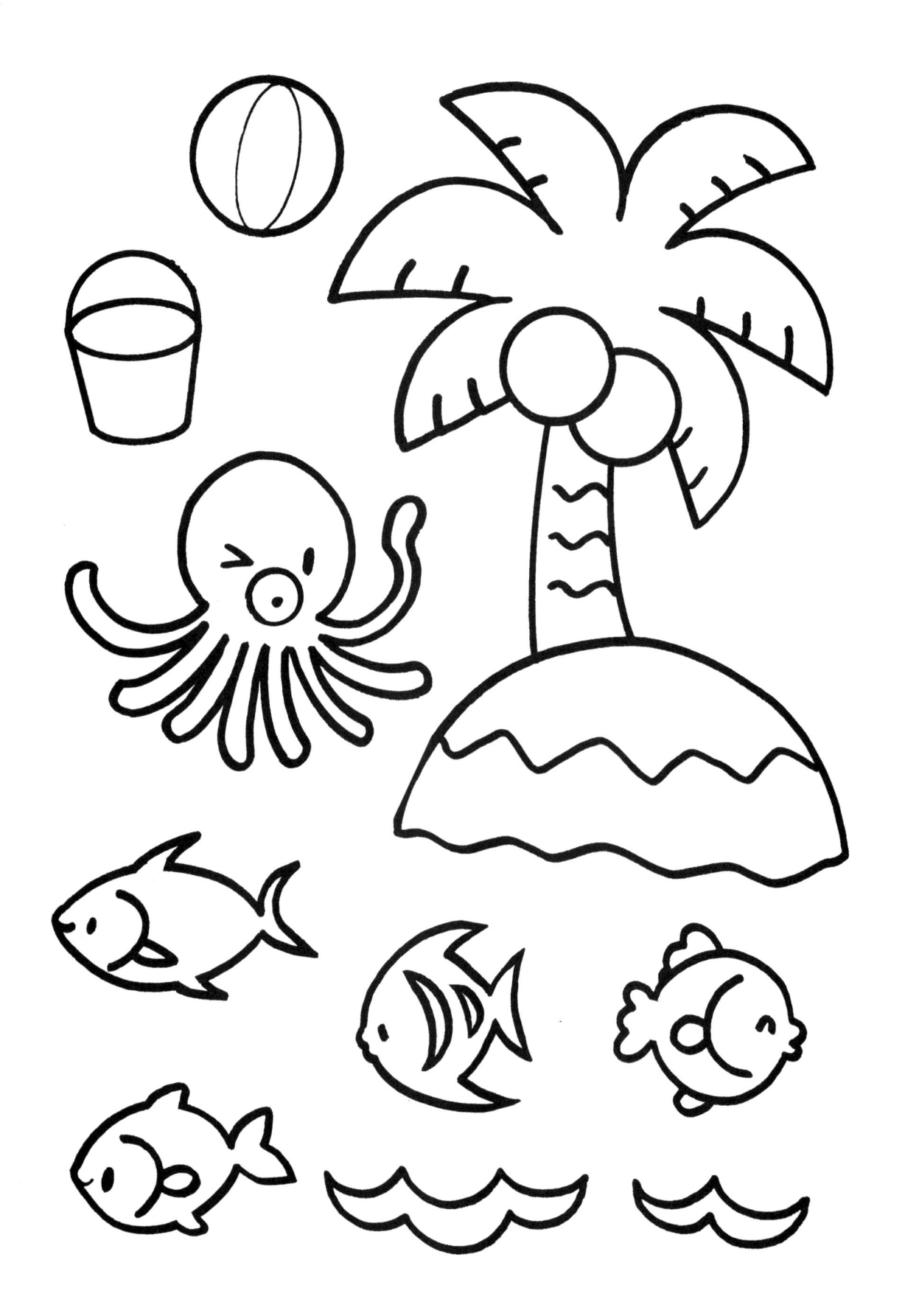

71

72

73

74

76

77

78

編著者紹介

岩藤しおい
(いわふじ)

1961年生まれ。東京造形大学ビジュアルデザイン科卒。
グラフィックデザイナーと、出版社で子ども向けの教材・商品企画を経て、
フリーのイラストレーターに。
子ども向けのクラフトアイディア制作をてがける。

撮影●小林幹彦
イラスト●種田瑞子
イラスト型紙●桜木恵美
編集●内田直子
ブックデザイン●渡辺美知子デザイン室

本書の内容を権利者の承諾なく、営利目的で
転載・複写・複製することを禁じます。

カンタンかわいい窓飾りを100倍楽しむ本
2005年3月12日第1刷発行

編著者●岩藤しおい©
発行人●新沼光太郎
発行所●株式会社いかだ社
〒102-0072 東京都千代田区飯田橋2-4-10加島ビル
Tel.03-3234-5365　Fax.03-3234-5308
振替・00130-2-572993

印刷・製本　株式会社ミツワ

乱丁・落丁の場合はお取り換えいたします。
ISBN4-87051-156-8

いかだ社の本

ワンランク上をめざす保育者のために

手づくりおもちゃを100倍楽しむ本
簡単にできるからすぐ遊べる、幼児が喜ぶおもちゃ45点。年齢別の遊び方も紹介！
木村　研【編著】　　定価（本体1400円＋税）

かんたんクイック手品を100倍楽しむ本
シンプルで演じ方のやさしい手品32作品を完全図解。不思議さと笑いがいっぱい！
藤原邦恭【著】　　定価（本体1400円＋税）

すぐできる！かんたん遊びを100倍楽しむ本
散歩中や園庭での遊び、室内遊び、バス待ち＆車中での遊び他。保育遊びの決定版！
木村　研【編著】　　定価（本体1400円＋税）

季節感あふれる教室づくりに

教室で役立つカラーコーディネート満載！
壁面ポップ＆イラストBOOK
季節や行事に合わせたおすすめ壁面ポップの作例とかわいいイラストが満載。
桜木恵美【イラスト】後藤阿澄【カラーコーディネート】　定価（本体1800円＋税）

壁面おり紙スペシャルBOOK
かんたん・キュートなおり紙で、教室の壁面を美しく飾ってみませんか。
山口　真【著】　　定価（本体1800円＋税）

らくらく天井飾りスペシャルBOOK
意外な穴場スペース＝天井を利用して、可愛い立体作品で構成します！
堀田直子【編著】　　定価（本体1800円＋税）

紙1枚でこんなに楽しい！　おり紙遊びの本

おり紙マジック ワンダーランド
愉快なお話やあっと驚く展開が詰まった22作品。魔法のおり紙遊びです。
藤原邦恭【著】　　定価（本体1400円＋税）

おり紙シアター ワンダーランド
紙1枚でできるふしぎな紙芝居の本。昔話や童謡をうたいながら演じる作品など。
藤原邦恭【著】　　定価（本体1400円＋税）

おり紙メール ワンダーランド
開くだけでも楽しいおり紙でつくる手紙の本。ひと言添えたり案内状に使ったり！
藤原邦恭【著】　　定価（本体1400円＋税）